聖嚴法師

佛法綱要

四聖諦、六波羅蜜、四弘誓願講記

編者序

因人有八萬四千煩惱，故佛教有八萬四千法門，面對無量法門，該如何擇定修行的起點呢？《佛法綱要》可說是八萬四千法門的總綱，涵括四聖諦、六波羅蜜與〈四弘誓願〉，是修行的入門起點，也是成佛的圓滿終點。

聖嚴法師的《四聖諦講記》、《六波羅蜜講記》、《〈四弘誓願〉講記》等三本小書，原本分別屬於「隨身經典」系列中的三冊，初版發行於一九九九至二〇〇一年。由於四聖諦、六波羅蜜、〈四弘誓願〉皆是佛學的根本基礎，因此將此三本小書合併為一冊，納入「現代經典」系列，方便讀者做為修習指南。

新版經過重新校訂，並邀請越建東老師撰寫導讀。越建東老師為英國布里斯托大學（University of Bristol）神學與宗教研究所佛學研究博士，對於印度佛教、禪學、宗教哲學具有專業研究，經由他的詳細導讀，將幫助讀者更有層次地、完整地學習精確法義，掌握聖嚴法師所講述的《佛法綱要》核心。

四聖諦是佛陀所講的第一堂佛法課，這門功課也是所有佛弟子都必修的第一堂課。佛陀初轉法輪的五比丘因聽聞四聖諦，而由凡夫證得阿羅漢果，成為佛陀最早的出家弟子。從此，佛教三寶佛、法、僧便具足了。

四聖諦是指苦諦、集諦、滅諦、道諦，是佛陀所領悟到的四種真實道理。基礎的佛法以四聖諦為總綱，做為生死流轉與還滅的指導原則。四聖諦是佛法的根本，不論大、小乘佛法皆離不開此修行原則。

六波羅蜜是大乘菩薩道的修行法門，以六度統攝一切行，故名六度萬行。六波羅蜜並非是大乘佛教專有名詞，大、小乘佛典皆有此名，重點在於是否願發無上菩提心。

六波羅蜜是指布施波羅蜜、持戒波羅蜜、忍辱波羅蜜、精進波羅蜜、禪定波羅蜜、般若波羅蜜。六波羅蜜又稱六度，「度」指的是超越苦與煩惱的意思，以六種波羅蜜為修行方法，破除人我執與法我執兩種我執，斷除分段生死與變異生死兩種生死，度越至涅槃彼岸。

〈四弘誓願〉是成就三世一切諸佛的通願，因此是欲成佛者必發的誓願，從初學佛到成佛，毋忘於心。

「眾生無邊誓願度，煩惱無盡誓願斷，法門無量誓願學，佛道無上誓願成」，這四個誓願是佛弟子於早晚課都必誦讀的，以提醒自己要度眾生、斷煩惱、學法門，在度化眾生中消解自我煩惱，以誓願為指標，精進修學佛法不懈怠。

掌握佛法綱要，體會四聖諦真理一分，便斷除煩惱一分；實修六波羅蜜方法一分，便靠近彼岸一分；牢記〈四弘誓願〉一分，便靠近佛道一分。身心煩惱將一分一分斷除，智慧光芒將一分一分顯露，直至圓滿無礙。

法鼓文化編輯部

導讀

廣演佛綱幽微，頓曉眾生長迷

本書集結聖嚴師父在三個不同時間或場合所做的三種專題教授，其內容包括佛法中極為核心的綱要：以四聖諦、六度與〈四弘誓願〉為主，乃至兼含十二因緣等的精闢解說。這些內容的集合，不是隨意而無代表意義的。如《法華經．序品》中說：「為求聲聞者說應四諦法，度生老病死，究竟涅槃；為求辟支佛者說應十二因緣法；為諸菩薩說應六波羅蜜，令得阿耨多羅三藐三菩提，成一切種智。」可見，這些綱要，其實乃是佛教三乘聖者所應學習，以便達成修行的最終目標者。四諦、六度與十二因緣，若說已涵蓋佛法所有重要的綱領，是一點也不為過的；因此，其重要意義在於：彼乃學佛者所必要掌握和不可不通達者。

四聖諦，是佛陀最初、最重要的教導，不僅是大、小乘共同的根基，也是所有教義的出發點和導歸處。在佛教思想史兩千多年的發展與流變中，即使各類繁複淵博的法門與哲學思辯層出不窮，卻沒有哪一個時期、哪一個學派從來不對四聖諦做一番深入解釋的。如果四聖諦已是簡要明瞭不過，為何尚需重複說明？原來，其有深邃的內涵與至高的地位。在《阿含經》中，此教理的深廣度，直達三明六通中的最高級：漏盡智證，亦即阿羅漢的果位。換言之，此雖屬初學者的入門必修內容，卻是久學者最後才能證悟者。在部派佛教的論書中，此教理的複雜度，貫穿修道歷程中的關鍵處：在四善根、見道位、修道位中，「見聖諦」決定了一切。甚至在大乘的體系中，如天台所言，除了生滅四諦外，尚有更高層次的無生、無量、無作四諦。

六度又稱六波羅蜜，或全稱六波羅蜜多，是大乘修行的核心，是入菩薩道的標準法門。下承戒、定、慧三學，上接十地之勝途。其修行的目標與實踐的方法清晰而具體，不僅在阿含時代已然有「人尊說六度無極」、「具足六波羅蜜，疾成無上正真之道」之說；在部派佛教時代，也曉得菩薩要經三無數劫，修六波羅蜜多，方證無上正等菩提；修六度，是佛陀具備不共色身相好的主因之一。在大乘經論中，對波羅蜜多的原則與修行細節，更是處處可見，不勝枚舉。其中，特別針對般若波羅蜜多，強調其窮盡諸法實相、攝收一切智慧之極的功能，乃是眾生能得度彼岸的關鍵，因此做為六波羅蜜之根本。

四聖諦與六波羅蜜有各自的性質：前者以厭離此苦的心情，對自己生命體處處遭逢苦厄的命運（其實就是業感苦報），極想超脫；後者以不怕挑戰的胸懷，對他人生命體時時受惑業苦的擺布，憫念而樂意主動協助。同時，四聖諦與六波羅蜜具有共同點：啟發眾生，實證空性。不論是實證無我的空性，或實證諸法的空性，皆是完成解脫、趣證涅槃的不二捷徑，所謂：「運出三界，歸於涅槃。」然而，完成此工程的動力來源，卻落在〈四弘誓願〉肩上。願心是一個檢視進步的重要指標，佛法的修行經常會遇到世俗煩惱種種的刁難，因此如逆水行舟，很容易不進則退，或遇難而退；而願力卻是乘風破浪的強力划槳，不捨此方便，則有直升佛道的保證。三者的關係，《教觀綱宗》有云：「三大乘佛果……從初發心，緣四諦境，發四弘誓，即名菩薩，修行六度。」聖嚴法師在《天台心鑰——教觀綱宗貫註》中，進一步解說「緣四諦境，發四弘誓」的內容，相當有啟發性。

在本書中，聖嚴師父的講記，有幾個特色：其說法非常契合現代人的情境，經常以人們心中習以為常的煩惱為出發點，直探人內心深處矛盾的問題所在，或以入世心時刻叮嚀聽眾或讀者，佛法應貼近日常生活，務必考量到對自己、家人和環境的關心是否足夠。在明白易懂的解說中，不失深度。廣引專業而有深度的經論，做為詮釋佛法的依據。這對已經有佛法基礎的讀者而言，可以有所依循，藉以一窺佛教義理嚴密體系之堂奧，並掌握重點。在幽默有趣的舉例中，不乏嚴肅的關懷。讀者很容易感受到其親切的說法，同時也反省到，自己是否在種種的善巧說法、精密的剖析中，得到受用，心靈品質有所提昇。

本書篇幅，雖不厚重，內容卻是弘富；讀者細細欣賞，必然如沐春風；法師廣演幽微之際，但願眾生長迷頓曉！

越建東

目錄

編者序 …… 3
導讀　廣演佛綱幽微，頓曉眾生長迷　越建東 …… 7

壹、四聖諦講記

前言 …… 19
佛法的基礎 …… 20
為何說是「四聖諦」？ …… 22
聖諦是什麼？ …… 23
四聖諦的經論依據 …… 25
四聖諦是世間和出世間的兩類因果 …… 27
四聖諦的內容 …… 32
一、苦諦的內容 …… 32
二、集諦的內容 …… 39
三、滅諦的內容 …… 44

四、道諦的內容 49
結論 53
一、四聖諦與十二因緣的關係 53
二、四聖諦與三法印的關係 54

貳、六波羅蜜講記

什麼叫作波羅蜜？ 57
布施波羅蜜 61
一、經典中談布施 61
二、有相布施、無相布施 63
三、三種布施 64
持戒波羅蜜 66
一、聲聞戒 66
二、菩薩戒 68

忍辱波羅蜜 …… 70
一、三種忍 …… 70
二、經典中談忍辱 …… 72
三、菩薩四法 …… 74
精進波羅蜜 …… 76
一、精進與發願 …… 76
二、三種精進 …… 79
三、六種精進 …… 80
四、經典中談精進 …… 82
禪定波羅蜜 …… 84
一、四類禪 …… 84
二、四禪天 …… 85
三、四種禪定 …… 86
四、四種禪定特相 …… 87

五、四空處定 91
六、三等至 92
七、三三摩地 93
八、禪定與七加行位 94
般若波羅蜜 99
結論 102

參、〈四弘誓願〉講記

前言 107
眾生無邊誓願度 108
一、修學佛法廣度有緣 109
二、借光又發光，普照一切 113
煩惱無盡誓願斷 116
一、向下心的煩惱 116

二、修行佛法過程中的煩惱……120
三、以願心為指標……124
法門無量誓願學……127
一、盡未來際皆勤學……127
二、辨別正法與邪法……129
三、無漏正法是目標……130
佛道無上誓願成……133
一、正道是不違背因果……133
二、正道有內外層次……134

壹、四聖諦講記

前言

四聖諦是基礎的佛學，釋迦牟尼佛在成道之後的第一個夏天，最初在鹿野苑為五位比丘弟子所講的佛法，就是四聖諦。四聖諦的內容有三個層次，也就是所謂的三轉法輪：

（一）此是「苦」的事實；苦果定有其苦因，名為「集」；此是滅苦之「道」；此是苦「滅」的涅槃。

（二）苦宜滅，集宜斷，道宜修，滅宜證。

（三）苦已滅，集已斷，道已修，滅已證。

這是四聖諦的三個層次。

釋迦牟尼佛講了三次，當他講到苦已滅了，苦的原因已斷了，苦的修行方法已修了，實際上已經進入涅槃；到了第三個層次時，這五位比丘弟子也都全證得阿羅漢果了。

佛法的基礎

基礎的佛法應該包括以下的四項：

（一）依戒而住

戒律，包括在家眾的五戒、八戒及十善，出家眾的沙彌戒、比丘戒、比丘尼戒。戒律就是健康清淨的生活規範。

（二）依法為師

依「三法印」為依歸。「三法印」是指：諸行無常，諸法無我，涅槃寂靜；南傳巴利文的三法印中的第三法印是有受皆苦。

（三）以解脫為目的

觀十二因緣而出生死流轉，破執而離苦。佛法所講的正法，就是對生命的判析，生命的生死過程，是以十二因緣構成的，從十二因緣來觀照；觀成之後，便會覺悟到人的生命是如何形成的。同時，也能夠覺悟到人的生命之虛妄，便可從執著的煩惱之苦，而得解脫。

（四）以四聖諦為總綱

四聖諦是生死流轉及生死還滅的指導原則。一切大、小乘佛法，無非圍繞著眾生的生死及解脫問題在做宣導，故亦皆依四聖諦為根源。如果離開四聖諦的原則而說的，都不算是佛法，而是外道法。

戒律及正法，合稱為正法律，目的是引導眾生趨向於解脫，故皆不離四聖諦的原則。

為何說是「四聖諦」？

（一）是佛陀或阿羅漢等聖人所通達的四種真實的道理，故名為聖諦。

（二）能如實正覺此四種道理而登聖位，成等正覺，故為聖諦。釋迦牟尼佛成道後初次說法度五比丘時，所講的就是四聖諦。

（三）四聖諦的四種道理，是如實，非不如實，是真實不虛的，故名為聖諦。在佛的觀察和體驗，苦和苦滅，永遠是眾生所需要知道的，人類要想離苦，必定要斷絕受苦的原因，如何斷除受苦的原因，就必須修行滅苦之道。這是四種真實的道理，因此稱之為四聖諦。

（四）「聖」有「正」義，能發無漏智，證涅槃之正理者，即成為悟道的聖者。

聖諦是什麼？

苦聖諦

有苦難相，苦已發生。也就是說，聖人已經知道了三界眾生即是受苦的事實，由於苦難、苦厄、苦惱等的現象，使娑婆世界的煩惱眾生，頭出頭沒，流浪生死，永無了期。

苦集聖諦

有生起相，使苦的事實發生。就是先有了引生苦果的行為，構成了受苦的原因，才會發生苦的結果。從聖人的立場所看到的苦的原因，是由於眾生在煩惱愚癡中造作種種不善行為，而形成一種力量，名為業力。這股力量，就是將來要受苦的原因。

苦滅聖諦

有寂靜相，苦已中止。聖人已經實證諸行無常，諸法無我，涅槃寂靜，苦已是不存在了，停止了接受苦的事實。

滅苦所修之道聖諦

有出離相，使苦停止。如何使得苦的事實不再產生或停止呢？必須要修滅苦的道，那就是運用正常、正當的生活，以及清淨的身心，杜絕造作種種惡業的機會。修道和非修道的生活是不一樣的，不修道，一定永遠在造作苦的因，不斷地接受苦的果；修道則不再繼續造作苦的原因，自然也不會再有苦的結果。

四聖諦的經論依據

（一）四聖諦在三藏聖典之中的依據相當多，在《長阿含經》、《中阿含經》、《增一阿含經》、以及《雜阿含經》等原始經典中，都講到四聖諦。具體的則有：1.《長阿含經》卷八的〈眾集經〉；2.《中阿含經》卷七的〈分別聖諦經〉；3.《四諦經》。

（二）在論典裡面，基本的有阿毘達磨的：1.《大毘婆沙論》卷七十七；2.世親的《俱舍論》卷二十二；3.婆藪跋摩（Vasuvarman）的《四諦論》，共有四卷；4.覺音的《清淨道論》第十六〈根諦品〉。

（三）中國天台宗的智者大師，依據《大涅槃經》詳論：生滅四諦、無生四諦、無量四諦、無作四諦。

此外，在藏傳及南傳的論典內，還有不少處論及四聖諦。因為四聖諦是佛法的根本，不論是小乘佛法、大乘佛法，要是離開了四聖諦的原則，就沒有了根據。本文姑且不討論各宗各派對於四聖諦的論列，單就基礎佛法介紹四聖諦的法義。

四聖諦是世間和出世間的兩類因果

什麼叫作世間及出世間？世間就是時間加空間，凡是生活在有時間感、有空間感的環境之中，一定是無常的、是有生有滅的、是經常變化的。

例如時間一天天過去，而人們的生命在繼續地延伸著；事實上，人的生命，從生到死，從有到無，其過程是在不斷地變化，這就叫作無常。

然而，無常的時間現象，一定是在空間之中移動變化。時間的過程，有長有短，空間的位置，有大有小，由於種種不同的時空因緣，使得人們的生命現象產生變化，才有了永無止境的無常，因此，時間加空間的不定性，便形成了沒有永恆不變的現象，這就叫作世間。

出世間的定義，是說聖人已經離苦而得解脫，其內心世界不再有時間和空間所給予的拘束；雖然還在時間及空間之中，但已經不受任何時空現象所動搖、所困擾。

四聖諦跟世間及出世間的關係是什麼呢？苦諦和集諦是屬於世間的，滅諦和道諦則是屬於出世間的。世間是凡夫眾生的生死流轉，出世間是聖人永離眾苦的涅槃寂靜。

苦諦——有漏的世間果

眾生的生命，無常生滅，猶不自覺，故為苦果。苦是屬於世間的事實，就是在世間接受苦的果報。

集諦——有漏的世間因

眾生於生死中，既在受苦的果報，同時也在造種種業，構成繼續接受種種苦的原因。因此，苦是在世間的果，集則是在世間造作受苦的因。

一定有人會這樣想：我們在這個世界上，每天的日常生活中，也有快樂的時候；一生之中，也有快樂的時光，怎麼會全部都是苦的呢？然而釋迦牟尼佛告訴我們，世間上的任何一樣事，任何一個現象，都不可能是永恆的，即使有快樂，結果還是苦，因為無常即是苦。

或者有人認為，無常也不算是苦，沒有就沒有了，又有什麼苦呢？但是，從佛法的觀點來講，無常並不等於沒有苦，樂不能持久故是苦，樂的無常並不等於不再受苦，而是苦的連續。

滅諦——無漏的出世間果

永離煩惱的無明，業惑從此不起，故從苦果獲得解脫，一切的苦因，永不造作，所以稱之為不生不滅的涅槃境界。

道諦——無漏的出世間因

此即是修行滅苦斷集的八種聖道，亦名八正道。苦滅諦是果，滅苦的道諦是因；苦滅，就是涅槃，是解脫生死的一切苦厄，而已得到出離世間的結果，稱為滅諦。但是在尚未得到出世間的結果之前，必須要有修道的生活及其所修的項目；所以，修持八正道，即為出世間之因行。

由世間因果轉換成出世間因果

若人希望由世間因果而轉換成出世間因果，必須根據四聖諦的原則。釋迦牟尼佛初度五比丘，三轉四諦法輪，使得五位比丘弟子從凡夫而證得阿羅漢果，這就是從世間因果而變成出世間因果的例子。以下再做深一層的解釋：

苦聖諦　是知四苦、八苦的生死果報，不論正報及依報，皆是苦的果報。苦諦是教人們知道苦的事實，就是要人知道人生即是四苦、八苦；這也說明了人這個果報的身體，就是苦的事實。正報是主觀的身心條件、是受苦的主人；依報是客觀的生活環境，是給我們受苦的世間。

集聖諦　亦名愛習苦習聖諦，愛膩染著內六處，名為習，貪戀染著外六處，亦是苦。苦的原因是怎麼來的？是因為對於自己生命現象的身體，也就是眼、耳、鼻、舌、身、意等內六處（即是六根），非常地愛惜、執著，甚至牢牢不放；又對色、聲、香、味、觸、法六塵境攀緣不捨；於是，根身、器界的結合，而生六識的我執，造作種種的業，集成了苦報之因。

滅聖諦　亦名愛滅苦滅聖諦，捨去對於內六處的愛膩染著，獲得解脫，便是苦滅。就是對於自己的根身不再愛著，對於器界不再攀緣，苦因不生，苦果永盡。

道聖諦　亦名苦滅道聖諦，即是修持離苦的八正道，斷苦習，滅苦果。八正道的內容相當豐富，涵蓋著種種的修行方法，包括戒、定、慧三無漏學以及從五停心、四念住，配合修持十六特勝而發無漏智慧，入初果的見道位。

四聖諦的內容

一、苦諦的內容

無常變壞的依正二報，使眾生造業受苦。世間法就是無常的，不斷在變化，中國的《易經》稱它為「生生不已」，在佛法則是「生滅不已」。因為在生的同時，已經有了滅的、壞的現象，事實上，生、滅是一體的兩面，同時進行。無常的現象，可分三類的四相，來解釋說明：1.生、住、異、滅；2.生、老、病、死；3.成、住、壞、空。如果知道苦的原因就是因為無常，無常就是無我，若能實證現量的無我空性，就可以從苦因及苦果得到解脫。

（一）苦的層次有三等

苦苦 是因不能自主而又不得不感受種種苦楚。由於自我的不安定性，便無法做自己身心的主人，更無法做環境的主人。因為一切現象都以因緣而產生無常的變化，不論是身、心、環境，都不是自我所能掌控的，所以很苦，這就是苦苦。

也許有人不相信，認為自我的身心怎麼可能無法由自我掌控呢？這在平常可能感覺不到，可是當你在理智和感情產生矛盾、衝突時，就會天人交戰，相當地掙扎，這是自心不能自主。身體也是一樣，只要當你咳嗽、感冒、頭痛生病時，身體往往就不聽你的指揮了。

許多人喜歡控制環境，這可能嗎？對自然現象來說，希望它不要颳颱風、不下暴雨、不出炎陽，要它經常風調雨順、陰晴適時、涼暖適中，這雖理想但卻做不到的。對人際關係來說，希望某人能聽你的指揮，由你來管，或者某些人是你的靠山，是你所要倚靠的，偶爾運氣好似乎是做得到，但大多數是不可靠的。類似這些不如心意的期待，往往多過稱心如意的事；因為不自由，所以就是苦。

我經常遇到一些在家、出家的弟子，認為我就是他們所要倚靠的對象。他們會說：「師父呀！你要保持健康，我們以後就靠你啦！」我說：「阿彌陀佛！我靠的是佛法，你們也應當靠佛法啊！如果靠我個人，一旦我死了以後，你們又靠誰呢？」他們還會再說：「師父！你可不能死啊！我們還是要靠你的啊！」

唉！這些人真是愚癡，光想靠別人，結果一定受苦；唯有親近善知識而自己修持佛法，才能離苦。

壞苦 是說一切現象，均是無常，不能持續永久，故名為壞。這是由於身心世界，經常變幻而不能保持，故使你受苦，名為壞苦。無常即是壞，這個壞，不等於是破壞，而是變易、變化、變形、變質、變量；今天的人、事、物，今天的環境，到了明天就會有變化的。所以壞是過程，未必是終結，世間一切現象，沒有最先的起點，也沒有最後的終點，它們不可能停留在某一個狀態，永遠是在過程之中。

每一個過程，又會有不同的因緣發生，就會產生不同的結果。有些人認為自己是得到了、完成了、成功了；其實，得到也好、完成也好、成功也好，這只是另一個壞苦的開始。譬如說，一對結婚多年的夫婦，最後不是你先走，就是另一半先走，這就是無常的過程，也叫壞苦。你如無法悟透這個變易的過程，便會經歷永無休止的壞苦的煎熬。

行苦　此行是五蘊中的行蘊，行蘊有造作、遷流的功能；造作是製作、產生，遷流則是生滅的變化。也即是說，世間的一切有為有漏諸法，都不能離開因緣生滅、造作遷流。一般人，都喜歡順利，不歡喜不順利。可是不論好事、壞事，永遠都在生住異滅，造作遷流，無法靜止下來，這就是「行苦」。

五蘊就是色、受、想、行、識，它們是人的生命的全部。五蘊包括心法及色法，也就是心理部分和物質部分。心理部分又分為心王及心所，受、想、行蘊屬於心所，識蘊是心王；識是分別心、認識心，從認識心、分別心所產生的心理現象，名為心所，是屬於心王的心理的活動。因此，沒有心王，就無法產生心所。不過在原始佛典中，尚未把心理活動，分析成為心王及心所，只以五蘊的後四蘊，涵蓋了一切的心王及心所。

這裡所講的行苦，是指極微細的意識狀態，一般人如果能修到無想天，或是修到無色界的非想非非想處定，此時，雖然已經沒有物質的色蘊，已經沒有情緒等的心理活動，但是仍在三界之中，還是有一個心意的生滅起伏和遷流變化，行苦依然在運作。入滅盡定，出非想天，即停止六識的心心所法，極長七日不出定，亦名滅受想定。至第四果，出三果，便離五蘊盛苦。

若以三苦和三界相配而言，欲界的眾生，都具有苦苦、壞苦、行苦的三苦；色界的眾生是在禪定中，只有壞苦和行苦；到了無色界時，便只有行苦。那是由於苦苦是最粗重的，其次是壞苦，所以欲界的眾生，能了解到苦苦、壞苦，至於行苦最微細，則不易體會；到了色界的眾生，知道有壞苦，也能體會到行苦；進入色界的無想天以及到了無色界的眾生，已進入無想非無想的深定中，苦苦、壞苦俱無，只有行苦還在，由於尚未出離三界，當他出定時，又會回到被稱為萬丈紅塵的煩惱世界了。

（二）苦的種類有八項

三界眾生，所受苦的種類有八項，即是生、老、病、死、愛別離、怨憎會、求不得，以及五蘊熾盛苦。八苦之中，欲界的眾生只能感受到前面的七苦，到了色界及無色界時，才能感受到第八苦（五陰盛）中的行、識兩蘊所招致的苦，例如行苦，即是五蘊之一。第八苦總括了前面的七個苦，也即是前七苦的總結。新譯五蘊舊譯為五陰，此苦有二義：1. 就苦而言，人皆各具五蘊，因而眾苦熾盛；2. 由於具有五蘊之器的身心世界，盛滿眾苦，故名五蘊熾盛苦。

五蘊，在《阿含經》及《阿毘達磨》，稱作五取蘊。為何被稱為五取蘊？因為五蘊的產生，就是由於執取貪、瞋等煩惱，故稱五取；又因為五蘊能夠生起煩惱，故名五取蘊。換句話說，因為有煩惱，故產生五蘊之現象；因為有五蘊，故產生煩惱之執著；互相執取，互相依存，彼此糾纏。因此，凡夫所處的環境，稱為娑婆世界，不斷地由五蘊執取煩惱，由煩惱生起五蘊。只要五蘊還在產生活動，不斷地生滅，就是在三界之中的凡夫，受苦連連。

五取蘊，即是眾生，即是苦諦，即是世間，即是三界。當此五取蘊不熾盛時，就沒有眾生，就沒有苦諦，就沒有世間，就沒有三界。《心經》云：「觀自在菩薩，行深般若波羅蜜多時，照見五蘊皆空，度一切苦厄。」修習佛法而開啟般若智慧的目的，就是要我們照見「五蘊皆空」，就是要令凡夫眾生從五取蘊的熾盛之苦，得到解脫。

（三）苦的四相

釋迦牟尼佛以智慧之眼看到了苦的事實，就從諸苦獲得解脫。他知道苦的當下有四種相，即為四法印，證了四法印，即得解脫，即得涅槃。

四法印就是苦及離苦的道理，那就是：諸行（行蘊）無常、諸法無我、有受皆苦、涅槃寂靜（空），簡言之即是無常、無我、苦、空。若不覺悟諸行無常，就是苦；若已覺悟諸行無常，無常即是空，空即是無我。若就無常、空、無我的三相而言，是三法印，若加上苦相，即為四法印，也即是苦的四相。若證悟此苦的四相，就能通達佛法，滅一切苦而得涅槃樂。

若從愚癡眾生的立場來看，苦就是苦。若以佛的智慧來看，諸行無常，諸苦亦是無常，苦既是無常，也即是空、也是無我的，既已無我，哪還會有什麼苦呢？

經常我的弟子們在起煩惱時，我問他們：「佛法聽到哪裡去了啊？」他們的回答則是：「師父！我都聽懂了，無常、無我、苦、空，但是我的苦卻是真的，我愚癡、我生氣、我沒辦法啊！」唉！眾生真是可憐，明明知道自己愚癡，還是不願放下，讓自己一直愚癡下去。

二、集諦的內容

常常聽到有人這麼說：「這個世界真不公平，我這輩子什麼壞事也沒做，為什麼惡運會臨到我身上？」於是怨天、怨神、怨佛菩薩們不長眼睛，使他們受苦受難。這些人若是聽了集諦的道理之後，大概就不會再這麼想了。

使眾生引起世間苦果的原因，便是苦集諦。眾生在世間，是由果報的「種子識」牽引而來。所謂果報，又分有華報、果報、餘報以及因果同時之報。所謂華報，是即生造業即生受到若干報應；所謂果報，是造什麼業因，來生中必受主報；所謂餘報，是在受了果報之後，轉生之後，仍受餘勢之報；所謂因果同時之報，是在造作業因的當下，就已經得到了某種程度的報應，此如華嚴宗所說的「因該果海，果徹因源」，乃是同時因果論。多半的人，因為只能看到這一生，所以不相信生命是在過去無量劫之前，就一次一次地有了。事實上，現前的生命，僅僅是無量的生死過程之中，一個小小的片段而已；凡夫在一生一生的生死流轉中，繼續造業，又繼續受苦報下去。

「果」有苦有樂，眾生對於幸運的事，會很驕傲地認為是自己聰明、運氣好；

遇到困難時，就會怨天尤人地覺得很倒楣。卻沒有想到，受苦與享樂，都有其原因。多半的原因並非是這一生造的，而是在無量生以來所造的種種業，累積到現在這一生，得到了果報。知道了這個道理，便是接受了集諦的意義，遇到快樂、幸運的事，不會驕傲、得意忘形；遇到倒楣、痛苦的事，不會失望、埋怨。這就能從諸苦得到解脫了。

（一）集諦以「業」為正因

業以「思」為體，能發動根本意志，而形成身、口、意三業。集是集合與聚集的意思，集合了因和緣，聚集了苦的因及苦的緣；因就是業，緣則是煩惱，使得煩惱和業相輔相成，因緣和合而造成集諦的事實，完成集諦的內容。有了集諦，就必須接受苦的果報。

集的本體及其所依靠的，稱之為「業」，至於業是如何產生的？是以「思」的心所為體，思的心所又分為兩階段，一個是「思業」，另一個為「思已業」。所謂「思業」，就是意念或心念的作用，它只是思考，而沒有實際的行動；所謂「思已業」，則是一邊思考，一邊正在進行，但沒有善與惡的性質及道德標準的問題。

業有表業（作業）及無表業（無作業）兩種。「表業」有身、口、意三種型態，那就是身口意、意身口、意口身。只用「意」業，就是叫「思業」，意業跟口業或是身業同時進行時，叫作「思已業」。思業雖然是沒有表現出來的「無表業」，但是它會形成一種力量，這種力量稱之為業力。譬如你不斷地想要殺人，當業的力量推動時，你就會形成趨向於殺人的行為。因此，雖然僅僅是無表業或思業，事實上雖沒有做什麼壞事，但是，還是要懺悔。佛說：「南閻浮提眾生，舉止動念，無不是業，無不是罪。」南閻浮提就是眾生所住的這個世間，凡夫眾生的舉心動念，都是自私自利的，因此而會造種種業，若不及時懺悔也就會造種種苦的業因了。

業的性質，有三種分類法：1.善業、惡業、非善非惡的無記業；2.黑業及白業；3.煩惱業及清淨業。

（二）集諦以「煩惱」為助緣

促使業的成熟者，即是無明煩惱。而集諦的業，是如何造作的呢？它一定跟煩惱相應，是故煩惱即是產生種種業的助緣；若沒有煩惱，便不會造業；「思」如果跟煩惱不相應，就不會造成煩惱業，也不會變成集諦。無明，就是沒有智慧的光明，它是混亂的心、情緒波動的心；自私而沒有智慧的心，又稱為煩惱。

煩惱大約分作三類：

1. 根本煩惱的第一類，原來只有貪、瞋、癡三個，稱為三毒，再加慢及疑，成為五個，叫作修惑，又叫思惑。是從無始以來累積所成煩惱的根，要到修道位才能分分地斷，至證無學道位，全部斷盡；初、二、三果的有學道位即是修道位，第四阿羅漢果是無學位。

在見道前的方便位時，這五個根本煩惱是「伏」而不「斷」，伏就是不現行；也就是在方便位中的凡夫，只能伏煩惱，到了初果有學位，便開始斷此思惑煩惱，到了第四果方能斷盡思惑。

2. 根本煩惱的第二類，總名為惡見，又稱不正見，又名見惑。惡見之中又分為：身見、邊見、邪見、見取見、戒禁取見等五個，是從無始以來，以及這一生所學習、經驗而得到的看法、想法，在初果見道位就可以斷盡。

3. 由根本煩惱衍生出來的種種煩惱，是名枝末煩惱，有無量數。根本煩惱主要的類別分成貪、瞋、癡、慢、疑、惡見的六大類，枝末煩惱即為六個根本煩惱之眷屬，由根本而產生枝末；也就是說，只要根本煩惱消除了，枝末煩惱自然消失不起。譬如貪是根本煩惱，與它相應的有欲、愛、取，即為枝末煩惱；瞋煩惱是根本煩惱，與它相應的有恨、嫉、憤怒，即為枝末煩惱。

如果不修道，煩惱永遠在，有煩惱就會持續造業。從六個根本煩惱所產生的枝末煩惱有無量數，所以稱為八萬四千個塵勞門，也就是有八萬四千個解脫道法的障礙門；因此，要修八萬四千個法門，來對治這八萬四千個煩惱。不過，八萬四千實在是太多了，我們只要先抓住這見、思二惑的六個根本煩惱，做對治的工夫就可以了。

集諦便是由煩惱的惑，造生死的業，再招致無常的苦。煩惱，使心產生「思業」及「思已業」，然後變成意業、口業和身業，造業完成之後，就有了生死的業因，招致生死的果報。

（三）集諦即是十二因緣的「有」

「有」是隨增義，即是隨順增上，這一生造了種種的業，因此有了業的力，準備下一生再去受報。「有」的意思，即為「隨增」，是隨著、順著業力而增上生死的果報，也就是隨順著業力，而增上煩惱所形成的生死事實。

隨順增上又分兩類：

1. 相應隨順增上：即是與煩惱相應具起的心及心所，隨順增上其力。
2. 所緣隨順增上：即是煩惱與所緣之境，隨順而增上其力。

因為有這兩種隨順增上，對內，是隨順自己的心及心所的活動；對外，則隨順外邊的環境而遷流，因此產生煩惱而造業，就變成了「有」，「有」就是集諦。

三、滅諦的內容

滅諦即是斷有漏的苦因、苦果，而得無礙自在的解脫道。「滅」在此處來說，是名詞而非動詞，它是已經完成了修道的過程，以及斷除了煩惱，進入了涅槃寂靜。照理應該是先要用修道的方法，來滅除苦的事實，由修道而滅苦，滅字就變成動詞而非名詞。因此，這裡的意思是說，只要「集」斷了，也就是只要不再造作苦的業因，苦的果報也自然沒有了。所以講完集諦，就講滅諦，是正確的。

因此，真正了解了苦及苦之現象時，也會同時了解到集諦；也就是說，已經知道苦果是由於製造了苦因的關係，既知苦果來自苦因，受苦之時，心境也會相當平靜而甘之如飴，不以為苦了。

如果，不知道苦因是出於自作，就不願意接受苦果，在受苦的時候，就變成了苦上加苦。同樣的事，你若認為是你應該接受的，是理所當然而心甘情願的，接受之時就不會覺得是在受苦，此時，你就已從苦因、苦果得到解脫。

譬如說，打坐是件滿痛苦的事，又不是你的意願和興趣，卻被老師要求坐著不可動，那就是受苦了。如果是出於你的興趣，雖知會有一點腿痛，還是願意去打坐，因為知道打坐對你有好處，雖然腿及背還是會痛，卻不算是苦了，這也算是苦「滅」的一個比喻。

（一）滅諦即是實證無我的空性

實證空性，了生脫死，證得阿羅漢位，正所謂：「我生已盡，梵行已立，所作已辦，不受後有。」什麼叫作實證無我的空性？世間任何的現象，都是因緣和合而產生的，任何一個現象，只要另外加了一個因緣，那個現象就會改變，變得或好或壞；或者變得更圓滿，或者變得更殘破，乃至變得沒有了。但是，最圓滿的事物，在這個世間法中，是從來未曾出現過的，因為到最圓滿時，實際上已經開始衰退。因此，任何一樣事，任何一個現象，都是因緣生，因緣滅。因緣而產生的變化，是沒有一定的、沒有永恆的、沒有不變的，它們的性質隨時都會隨著新的因緣而起變動，因此說諸法的自性即是空性。

「我生已盡」，是已出離三界的生死；「梵行已立」，是應修清淨的身、口、意三業，已經圓滿；「所作已辦」，是應斷的煩惱，已經全部斷除；「不受後有」，是從此之後，不再接受任何善惡果報。這四句話是形容阿羅漢所證果位的標準用語，若尚未證涅槃，絕對不會以此四語稱讚。

（二）滅諦即是從十二因緣的逆觀成就與滅觀成就

若從十二因緣的順觀成就及生觀成就而言，即知苦果及苦因為何物；若由順觀及生觀轉為逆觀及滅觀成就，則出三界、離五蘊、入涅槃。

十二因緣，是指凡夫生命過程中之流轉現象，從無明開始，接著是行、識、名色、六入、觸、受、愛、取、有、生、老死等十二個階段。

逆觀、順觀是什麼呢？逆觀是講無，順觀是講有。「順觀」是說，緣無明所以有行；緣行，所以有識；緣識，所以有名色；緣名色，所以有六入；緣六入，所以有觸；緣觸，所以有受；緣受，所以有愛；緣愛，所以有取；緣取，所以有有；緣有，所以有生；緣生，所以有老死。知道順觀之後，就曉得生死之苦是怎麼來的，生命受苦的原因是怎麼一回事。

「逆觀」是從無明觀起，因無無明，故行亦無，無行故識亦無，無識故名色亦無，無名色故六入亦無，無六入故觸亦無，無觸故受亦無，無受故愛亦無，無愛故取亦無，無取故有亦無，無有故生亦無，無生故老死亦無。

此順逆、生滅二觀，亦即《阿含經》所說：此生故彼生，純大苦聚集；此滅故彼滅，純大苦聚滅。

如何使得逆觀成就？首由無明著手。無明是沒有智慧、知見不正，所以起煩惱心造種種業。八正道中的第一個項目是正見，乃是要以正見來指導人類，使之開啟無我的智慧，以智慧之明來破煩惱的無明，無明若滅，乃至老死也滅。生滅滅已，即證涅槃而登阿羅漢位。

（三）滅諦即是涅槃

斷盡煩惱，解脫生死，即為涅槃，涅槃就是寂滅。煩惱不動，是為寂，煩惱不起，是為滅。根據原始的佛法，涅槃有兩類：

1.有餘涅槃：即是在現生中從煩惱之苦獲得解脫，不為情動，不受境遷。但是，業報的身體依舊活著，尚未捨報捨壽。就像釋迦牟尼佛於菩提樹下成道之時，已經滅卻一切煩惱，但是他的身體還是留在人間四十九年，做為弘揚佛法的工具。又如佛陀的阿羅漢弟子們，共有一千多人，他們於斷除煩惱之後，肉體並沒有死，一樣有冷、熱、病、痛的果報，這就是「有餘涅槃」。

2.無餘涅槃：即是阿羅漢們於此身死後，不再流轉生死，一旦捨報，便從此不再來到世間，不再接受任何生命的果報體；從此以後，進入寂滅，不再出現。故稱為「無餘涅槃」。

（四）滅諦即是無學位

1.修四諦十六行相證初果，即入見道位，自此而歷二果及三果，均名有學果位。

2.斷三界惑盡證真諦之理，登第四阿羅漢果位，名為無學位。只有到了無學果位，方真解脱自在，才能稱之為進入涅槃。

四、道諦的內容

1.佛陀所說、所制的一切正法律，又名真諦法、中道法、解脱法，都是道諦。

2.不苦不樂的中道行，便是道諦。

3.八正道即是中道行。

4.正信、正行、正知見的正法，便是道諦。

5.由八正道統合為戒、定、慧，由戒、定、慧衍為六波羅蜜，乃至所有一切佛道品法，都是道諦。

道諦，具體的基礎是八正道，就是不苦不樂的中道行；唯修中道行，才得真解脫。八正道共有八個項目，修持八正道，就可以滅除苦因、苦果。

修道是漸漸修的，修到多少程度，就能滅滅多少苦；漸漸地修，漸漸地減少痛苦的感受以及煩惱的困擾。修習八正道，宜配合五種增上：信增上、施增上、戒增上、定增上、慧增上。

八正道與中道善法、真諦法、解脫法等的關係

正見　是依三法印而知四聖諦，明十二因緣。此即是根據正見，對四聖諦、十二因緣起信心，叫作正信。若沒有正見的信心，便是迷信。

正志（正思惟）　是思惟四諦之理，不起三毒，意業清淨。正思惟又稱為正分別，意思是說對四聖諦考察又考察，了解又了解，不斷地思惟、考察，面對著苦的結果，然後知道苦的原因是什麼，不斷地想著應該要修中道行來滅苦。

正業（行）　即是遠離五惡行，也就是受持五戒。這個業不是工作的職業，而是身、口、意的行為之意，也就是說要遠離殺生、偷盜、邪淫、妄語、用酒等五種惡行。

正語 即是遠離口業的四惡行——兩舌、惡口、妄言、綺語。

正命 即是遠離五種邪命，戒除不正當的生活方式，離開五種不當的謀生方式：

1.詐現奇特：用欺詐的手段，裝著使人感覺到你真有一套本事。

2.自稱功德：為了得到職業、地位而讚歎自己誇張自己是位偉大的人物，譬如告訴人家說自己有神通，或者說自己是最了不起的一位修行人等。

3.咒術占卜：為了幫人賺錢、找對象，而用咒術、占卜替人算命看相。

4.大言壯語：說大話，告訴他人說自己會做總統，或在多少年之內，能做大事業、賺大錢，使人聽了之後，就先給他錢來支助他。

5.彼此標榜：兩人以上，彼此互相標榜，其目的是希望得到金錢、名望、地位、權力等。

正勤 即是修四正勤，亦即：未斷之惡令斷，已斷之惡令不復起；未修之善令修，已修之善令增長。

正念 即是修四念處，亦名為四念住。這個念是方法而非妄念，有了方法之後，心念就會止於一境，其方法有：念佛、念法、念僧、念戒、念天、念施等六念，以六念為基礎而修四念住，即為觀身不淨、觀受是苦、觀心無常、觀法無我；由修四念住而進入八正道的「正定」。

正定 即是包括七方便及十六特勝的修定方法。七方便是：五停心、別相念、總相念，稱為三賢位；煖、頂、忍、世第一，稱為四善根位。相加起來，名為七方便，也就由此而入見道位，名為初果聖者。十六特勝是：知息入、知息出、知息長短、知息遍身、除諸身行、受喜、受樂、受諸心行、心作喜、心作攝、心作解脫、觀無常、觀出散、觀離欲、觀滅、觀棄捨，十六特勝勝於四念住的觀身不淨法，是由觀息而歷十六層次，即入見道位，名為初果聖者。

結論

一、四聖諦與十二因緣的關係

識、名色、六入、觸、受、生、老死等七項為苦的事實，即是苦諦；無明、行、愛、取、有等五項則為苦的原因，即是集諦；因集諦而有苦諦，苦、集二諦是為順觀，順觀是知道無明，最後才有生、老死。苦的原因就是集，由集而苦，變成了順觀，生死流轉由此而來。

滅是無明滅故行滅，行滅故識滅，以此類推，直到生滅故老死滅，這是滅諦，逆觀十二因緣就是滅諦。如果無法以逆觀十二因緣得成就，修習八正道也能夠達成滅生死的苦。因此，逆觀十二因緣，事實上就是道、滅二諦，或是滅、道二諦。

二、四聖諦與三法印的關係

「諸行無常」及「諸法無我」，便是離苦、斷集、修八正道的三種聖諦；「涅槃寂靜」，便是苦滅聖諦。

（一九九八年十一月一日、八日、十五日、二十二日，講於美國紐約東初禪寺，李青苑及姚世莊居士整理）

貳、六波羅蜜講記

什麼叫作波羅蜜？

佛法是從理論的方向來認識，以及從實踐的方法來體驗。分成基礎的佛法和發展的佛法。

在釋迦牟尼佛的時代，並沒有小乘和大乘的佛法之分。而是在佛涅槃一百多年之後，才有小乘部派的佛教，又經過三、四百年，有了大乘佛教的出現。然而，大乘佛教看部派佛教，甚至於原始佛教，都認為是小乘佛教，這是很不公平的。

以大乘佛法的立場來說，修四聖諦、三十七道品是小乘；修四攝法及六波羅蜜的，才是大乘的佛法。其實，在原始聖典《阿含經》中，可以看到四聖諦、三十七道品，同樣也有六度。因此，六波羅蜜的名詞並非大乘佛教專用，而是在基礎的聖典裡就有。

因此，雖然是有大乘及小乘的說法，可是大乘佛法與小乘佛法的法門，並沒有分別，問題在於是否發了無上菩提心。如果只是準備在這一生或少數的幾生之中，完成解脫道而進入涅槃，這是小乘思想。發了無上菩提心的人，即使進入涅槃，也是不來不去的；既不貪戀生死，也不厭離生死。像文殊、普賢、觀音、地藏等諸大菩薩，都是沒有準備成佛，而是永遠做菩薩，永遠度眾生；這跟僅僅發願在修行之後，得解脫，入涅槃，是不一樣的。

但是，也有兩種人並不想離開這個世間。一種人是認為世間太可愛、太有趣了，有男有女，吃喝玩樂什麼都有，好享受、好快樂，捨不得離開，事實上，捨不得是辦不到的。另一種是發了無上菩提心的人，他看到這世間上的人，不清楚什麼是苦？什麼是煩惱？還在彼此互相傷害，於是他要幫助所有眾生，將他們從醉生夢死的煩惱之中喚醒，甚至在最後一個眾生未醒之前，也不成佛。

事實上，除了六度之外，只要是無為無漏、有為無漏的佛法，都叫作波羅蜜；所謂無漏，就是無我的、無私的。而三十七道品、四聖諦，就是讓我們從煩惱的娑婆世界，度脫至永無痛苦的涅槃，自然這也是波羅蜜。但是，站在大乘菩薩道的立場來看，只度自己是不夠的，必須要度一切的眾生，這才真正叫作波羅蜜。

除了少數人，幾乎我們每個人都是自私的，只會考慮先度自己。有一次我講到六波羅蜜，一位居士聽到我說要發無上菩提心，就對我說：「師父！我已經是自顧不暇，連自己都幫不了，還叫我發願心去幫助人，請您還是給我一個方法，讓我先得到解脫就好了！」我相信一定有很多人都會有這樣的想法吧？

依佛法的觀點來看，如果只是用自利的方式來利益自己，得到的利益不僅很小，而且是不可靠的，但是用利他的方式來利益自己時，得到的利益才是最大最可靠的。

諸位都有家庭，如果你在家裡是一位非常自私的人，占盡了所有的好處，那麼，你與家人的關係就可想而知了。相反地，如果你能處處考慮到、照顧到家人的福利，使他們的生活快樂及幸福，此時，你在家裡也一定是受到歡迎、受到照顧的。

佛法主張，以度人來度自己才是最可靠的方法。因此，基本上六度就是在度自己，可是著手的方法和著眼點都是在度他人。六度是什麼？就是布施、持戒、忍辱、精進、禪定、般若。以此六種修行的方法，來破除二種我執而斷二種生死之此岸，度越至二種涅槃的彼岸。

「我」有兩種。第一種是對於我們身體的執著，這個生命的我是五蘊構成的，就是一般人所講的物質和精神，而生命就是我們起煩惱的根源，斷除了我執，智慧才能出現，這叫「我空」，也叫「人無我」。第二種是不再害怕生死的現象，生與死，不論是可愛或可怕的，都要超越它，能出生死而不厭離生死，這叫「法空」，也叫「法無我」。

「生死」也有兩種。第一種是分段生死，是一生一生地投胎出生，然後死亡，一段一段地生與死，這是普通的凡夫。第二種是已經到了初地以上的菩薩，菩薩有十波羅蜜，從初地至十地為止，由於他的功德每一地都在變，法身慧命不斷在成長中，這叫變易生死，一直到成佛，變易生死也就結束了。

布施波羅蜜

「布施」是什麼？在《阿含經》裡有六度這個名稱，也有六度修行的項目，但是到了大乘經典《般若經》及《大智度論》時，講得更為詳細。

一、經典中談布施

以下介紹幾部經典有關布施的記載。

（一）《大品般若經》卷一〈序品〉第一云：「菩薩摩訶薩，以不住法住般若波羅蜜中，以無所捨法，應具足檀那波羅蜜，施者受者及財物不可得故。」

（二）《大智度論》卷十四云：財施、法施、無畏施，以三施對治慳貪，除卻貧窮。

（三）《大智度論》卷三十三云：淨施——不為世間名利福報，但為出世善根及涅槃之因。不淨施——以妄心求福報、行布施。

（四）《菩薩善戒經》卷一云：筆施、墨施——用助人寫經。經施——刊造經版。說法施——說法度眾。

（五）《賢愚經》卷四云：施遠來者；施遠去者；施病瘦者；於飢餓時施於飲食；施知法人。

（六）《俱舍論》卷十八云：施客人，羈旅他鄉；施旅行人；施病人；施看病者；施園林；施常食；隨時施、隨其所應而施衣食。

（七）《俱舍論》卷十八又云：有漏世間法：隨至施——隨近己至，方能施與；怖畏施——遇到救災厄，欲其靜息而行布施；報恩施——昔得彼施，再還施彼；求報施——先施與人，再求返報；習先施——習於家族先人的家法而行惠施；希天施——希求生於彼天而行施；要名施——希美名而行布施。無漏世出世法：為莊嚴心施——為資助禪定瑜伽，為得涅槃上義而行布施。

二、有相布施、無相布施

開始修行，不論是自利或是利他，布施是最容易的，也最能讓自己或他人立竿見影，感到歡喜。布施又分有相布施及無相布施，有相布施是有原因、有目的，可能為了還債、投資等種種理由，是以求自我利益而布施。譬如說我虧欠了某人，但是他不要我還或是報答，我只有拿一些錢或東西，送到教堂、寺院、慈善機構，這樣的布施，是因為覺得欠了人家的情，想辦法為他做一件好事，了去自己心中的牽掛。

曾經有一位演員，因為他的太太對他很好，問她需要什麼東西來感謝回報她時，他太太卻說：「送我最好的東西，就是參加聖嚴師父的禪七。」這位演員真的來了。禪七結束後，我問他為什麼來禪七，他說：「還債的！」竟然也有這樣的布施，但是這種布施也很好啊！

有相布施，第一種是希望得到社會大眾給他一個好的名聲；第二種是現在布施，希望在年紀大一點時，人家來回報他、感謝他；第三種是因為宗教信仰的緣故，希望在這一生布施之後，有財產存在天國裡，等著去享受。

有相布施好不好呢？其實也不錯，總比有些不布施的人，專門拿人家的東西變成自己的東西要好多了。

無相布施的意思，只是為了布施而布施，布施之後，還要做「三輪體空」的觀想：「沒有東西可布施，沒有接受布施的人，沒有做布施功德的自我。」

布施與無相、無為相應，即為解脫道，布施與菩提心相應，即為菩薩道。布施行在自利來說，可增上自我的福德智慧；在利他來說，則是增上眾生的福德智慧。因此，現代的人應當多行布施。

三、三種布施

布施有三個項目：

財施 用物質和金錢的布施。又可分為四種：金錢、物質、時間、知識。甚至還有身體的布施，例如把自己的皮膚移植給受傷的人，捐器官、捐血液給需要的患者。

法施 是用佛法來布施。「法」就是緣起法及因果法，這是佛法的根本。所謂「此有故彼有，此無故彼無」，知道緣起，懂得緣起，一個影響一個，這叫因緣法。種何因得何果，生死法是有漏因果，解脫法是無漏因果。

無畏施　使恐懼害怕的人，不再害怕。譬如說有人怕窮、怕死、怕犯罪、怕世界末日、怕地球毀滅。事實上，佛經裡告訴我們，除了這個地球，還有無量的他方世界。因此，我常告訴別人，遇到困難時，要「面對它、接受它、處理它、放下它」，真的沒有辦法時就不管它，也沒有什麼好怕的了。

龍樹菩薩在《大智度論》中說，布施是可以對治慳貪，除卻貧窮。當我們有布施心時，自然就會去努力耕耘、去生產、去成就。譬如大家沒有水喝，你發心發願去挖井，或到山裡找泉水、找河流，結果給人家愈多，自己得到的也愈多。

持戒波羅蜜

「戒」在佛教來說，基本的有五項，稱為五戒，如果不能全部受持，受持三條、四條也是可以的，願意受多少就算多少，這是和其他宗教不同的地方。受戒時有個「戒體」，戒體是特殊的名詞，為什麼菩薩戒可以一受永受，而聲聞戒只能一生受，這是因為戒體觀念的不同。

《大品般若經》卷一〈序品〉第一云：「菩薩摩訶薩……罪不罪不可得故，應具足尸羅波羅蜜。」在《瓔珞》、《華嚴》、《文殊》、《梵網》諸經及《智論》、《唯識》、《瑜伽》諸論中，均提到聲聞四品戒及菩薩二品戒。

一、聲聞戒

聲聞戒屬於色法，小乘有部宗認為，色法即是在受戒時，身、口二業有發顯之表色，以及依四大而生，以身、口為緣，有防非止惡功能的，名為無作色、無表色。色法是物質的，當物質的身體死亡或消失，即使不捨戒，戒自然不存在，戒體也就沒有了。

聲聞戒有在家戒及出家戒，共有四種戒品。在家的五戒與八戒，出家的十戒與具足戒。在家戒又叫世間戒，重於身、口二業的現行，《增一阿含經》卷二十〈聲聞品〉之二云，五戒得分分受，薩婆多部則不許分受五戒，《成實論》及《大智度論》許可隨分多少受，八戒則須全部受。

出家戒又叫出世間戒，身、口、意三業並重，必須要全部受。

有一次，我在東初禪寺看到目前旅居法國的越南籍禪師一行禪師的徒弟們，彼此見了面會互相擁抱，我問他：「出家人可以互相擁抱嗎？」一行禪師回答說：「我們出家人之間，只有同性可以擁抱，異性是不能擁抱的。」我問他為什麼一定要擁抱呢？他說：「這是表示親切、安慰的意思。」而且在歐美的社交禮儀中，也是一件極普通的事，所以當一行禪師要離開時，我也擁抱了他一下，他很開心地笑了起來。

事實上，照出家的比丘及比丘尼戒來說，不論同性或異性之間，都是不可以擁抱的，可是在西方社會中，大家都習慣以擁抱來表示親切，所以一行禪師還是有道理的。至於我在我們的僧團，因為都是中國人，倒沒有這個必要，否則會讓持戒者批評我們。

二、菩薩戒

菩薩戒是屬於心法，《成唯識論》便指出，受戒時，有發動思之心所，此心所之種子相續，而有防非止惡的功能，為依於受戒時之表色作用而起之功能，故附於色之名，實為心法。心法直至成佛為止，都是存在的，它可以此生受了下一生再來受，或是這一生受了，覺得心已經不再堅固精進，可以增上受戒，使得心能夠再次熏習。

菩薩戒有十善戒及三聚淨戒的二種戒品。《大智度論》以十善戒為總相戒，其餘一切戒為別相戒。而三聚淨戒又分在家及出家兩種，是隨持聲聞戒而發大菩提心，那就是：攝律儀戒——大、小乘一切律儀；攝善法戒——大、小乘一切法門，如三十七道品、四攝、六度；攝眾生戒——以佛法饒益一切有情。三聚淨戒能對治惡業，清淨身心。

聲聞戒是以出離心為主，斷除欲望而出三界，菩薩戒則是以出離心為基礎，以菩提心為根本。在家與出家的出離心是不一樣的，在家的出離心，指的是雖然有眷屬、有財產、有事業，但是在擁有的當下要觀空；觀空就是知道一切均為因緣所生，並非是究竟的、永恆的、不變的，用這些暫時所擁有的資源來利益眾生，不占為己有。因此，在家居士的出離心跟菩提心是相應心，沒有出離心，菩提心發不起來。

菩薩戒是以利益他人來做為利益自己的方法。我們每個人都是很自私的，所謂「人不為己，天誅地滅」，如果你能從照顧自己的家屬開始，擴及環境裡所有的人，用一切的資源來利益他們，就一定能受到他們的歡迎、擁護、回饋，如此才是真正的自利利他，而且是一本萬利。

忍辱波羅蜜

「忍辱」在《大般若經》中叫作安忍，是安於忍耐。《大品般若經》卷一〈序品〉第一云：「菩薩摩訶薩……心不動故，應具足羼提波羅蜜。」如何對治瞋恚，使心安住，亦名忍辱度無極。

一、三種忍

《解深密經》卷四及《成唯識論》卷九，無性的《攝大乘論釋》卷七，提到修三種忍：

耐怨害忍　是以無瞋為性，對怨家及傷害我們的人修忍辱行。是讓自己和對方不受傷害，即使受到傷害，也不去反擊，而是利用這個機會好好修行。這樣看起來似乎自己是吃虧了，事實上，只要「留得青山在，不怕沒柴燒」，前面還是有路可走的。這是成熟諸有情之轉因。

安受苦忍 是以精進為性，對一切苦楚困境修忍辱行。這不只是對人，而是對各種各樣苦難的情況，例如大風、大雨，大寒、大熱等，有的是天災，有的是人禍，還有身體四大不調，處於諸多痛苦的情況下而修忍辱行。這是菩薩成佛之因。

諦察法忍 是以慧為性，能審諦觀察諸法，三性三無性。一切現象都是無自性，都是空，所有的苦受、樂受，乃至不苦不樂的捨受，自性都是空的，這是法忍，也是前二忍的所依止處。

害忍、苦忍、法忍之中，第一種忍辱是比較容易的，修苦忍及法忍就困難多了。尤其法忍是最重要的，應該隨時隨地練習，並用它來對治前面兩種忍的阻力。因此，在用功修行時，應先耐怨害忍，再觀法的無常、無我、空。

或許有人要問，這個世界上的每一個人都是自私的，如果我們凡事都忍，忍到最後連自己都沒有了，這還能修行嗎？

在中國有一本書，叫《孫子兵法》，其中指出，最上乘的戰爭謀略，是不必打仗就能使得敵軍投降。事實上，高明的武術家，通常是不跟敵人比拳頭、比功夫，而是在受攻擊時，能毫不費力地用四兩撥千斤的方法，使得雙方都不會因此而傷亡。而佛教的忍辱也是如此，面對問題處理時，不是用暴力，而是用智慧來處理，以慈悲來化解。

從原始佛教的《阿含經》到大乘的許多經典，處處提到忍辱行。所謂忍辱行，就是慈悲與智慧，是積極的，絕非束手就縛，消極地等待著被攻擊。

《大智度論》中提到眾生忍及無生法忍。眾生忍是於一切的眾生，以慈悲心，不起瞋惱，縱使受害，也能不瞋不加報復；而無生法忍是安任於諸法因緣生，自性本是空的法理。又分法忍及生忍，法忍是於非心法的自然現象、生理現象，不起心法的瞋恚、憂愁等煩惱；生忍則是於人對己之恭敬供養，不執著；他人對己之瞋罵、打害、不生瞋恨。而在《菩薩地持經》中的安苦忍法，即是生忍；思惟解忍，即是法忍。

二、經典中談忍辱

以下介紹幾部經典中有關忍辱的記載：

（一）《長阿含經》卷二十一〈戰鬥品〉云：「我於爾時，修習忍辱，不行卒暴，常亦稱讚能忍辱者。若有智之人，欲弘吾道者，當修忍默，勿懷忿諍。」

（二）《增一阿含經》卷四十四〈十不善品〉云：「忍辱為第一，佛說無為最。」

（三）《瑜伽師地論》卷五十七：「云何忍辱？謂由三種行相應知：一不忿怒、二不報怨、三不懷惡。」

（四）《攝大乘論本》卷二：「又能滅盡忿怒怨讎，及能善住自他安隱，故名為忍。」

（五）《大乘莊嚴經論》卷八：「一不報，二耐，三智，此三次第是三忍自性。不報者是他毀忍自性，耐者是安苦忍自性，智者是觀法忍自性。」

在《優婆塞戒經》卷七，忍可分「世忍」及「出世忍」兩類。世忍就是忍飢、忍渴、忍寒、忍熱、忍苦、忍樂、忍勞、忍怨。而出世忍，是能忍信、戒、施、聞、智慧、正見無謬。修行佛法，一定要付出時間及努力，否則就得不到佛法的利益。因此，對佛法的修行，也是從忍開始，能忍難忍、能忍難施、能忍難作，能忍罵詈、能忍撾打、能忍惡口、能忍惡事。

事實上，在一切的學習過程中，不論是對家庭、事業、學問等，都是需要由忍來成就的。曾經有一個很胖的人來找我，他對自己的體重很苦惱，我勸他打坐、運動、慢跑。過了兩個星期之後他來找我說：「師父！我很累，我秤了一下並沒瘦多少，我想這跟運動、打坐是沒有什麼關係的，應該只要少吃一些就可以了，因為再這樣下去，我快要忍不住了！」我說：「我做和尚已有幾十年了，我也覺得沒多少進步，但是我還得繼續做下去，所以我勸你還是忍耐一下，繼續運動下去吧！」

沒有忍耐心，做任何事情都不會成功的。釋迦牟尼佛告訴我們：「忍辱，是最大的財富，如果當時我不能忍耐的話，今天我也不會成佛了！」在所有的宗教裡，唯有佛教徒與佛教徒之間，或佛教徒與其他宗教之間沒有戰爭，原因即是能忍。

三、菩薩四法

《思益梵天所問經》卷一云，四忍就是菩薩四法：

得無生法忍　一切諸法，自性空寂，本來不生，菩薩證忍此法，則能出毀犯禁戒之罪。

得無滅忍　一切諸法，本為無生，故今亦無滅，菩薩證忍此法，則能出毀犯禁戒之罪。

得因緣忍　一切諸法，皆依因緣和合而生，無有自性，菩薩證忍此法，則能出毀犯禁戒之罪。

得無住忍　不住著於諸法，菩薩證忍此無住之法，則能超出毀犯禁戒之罪。

忍辱的柔和性，能克剛強性。

我曾經看過一本武俠小說，有一個武功高強的壞人，他的劍法凌厲，所向無敵，他很高傲地認為天下沒有人可以打得過他。有一天他遇到一位和尚，這個和尚將他攔住，不讓他過去，他看和尚什麼武器也沒帶，於是將劍拔出，並且說道：「你不讓我過去，我的寶劍非得教你讓我過去不可！」只見和尚將腰帶一甩，柔軟的腰帶，竟將削鐵如泥的寶劍纏住了，這就是柔能克剛的道理！

精進波羅蜜

精進波羅蜜又稱精進度、進度、精進度無極，就是對治懈怠，生長善法，勇猛精進地修諸善法。「精進」就是身體勤勞、不懈怠。在《大品般若經》卷一〈序品〉第一云：「菩薩摩訶薩……身心精進，不懈怠故，應具足毘梨耶波羅蜜。」

釋迦牟尼佛及彌勒佛同時發菩提心，但是彌勒佛在早期比較懈怠，因此，他要在釋迦佛成佛之後的五十六億萬年，才能成佛。雖然成佛的早晚並無多大關係，可是成佛也因精進及懈怠，而有早有遲。

一、精進與發願

精進是要發大願的，如果不發願，精進的心就提不起來。多半的人嘴上說著要努力，心裡也是這麼想著，但就是沒有辦法做得到。往往當身體稍微有些不舒服，或是疲倦時，馬上會說：「還是等我把身體養好了之後再努力吧！」如果是這個樣子，我們隨時可以藉許多理由來說服自己不要精進。

有一個懶惰的人，他一年到頭都希望讀書，可是都讀不了書。在春天時，他說像這樣春光明媚的好天氣，不去玩多可惜；夏天到了，天氣這麼熱，怎麼讀得下書；到了秋天，正該舒舒服服地享受這秋高氣爽的好天氣；冬天到時，又快過年了，讀書還是等明年再說吧。這就是中國人說的：「春天不是讀書天，夏日炎炎正好眠，過了秋天冬又到，收拾收拾好過年！」

有了精進心的人，他的心理一定是健康的，即使身體有病，經常還是法喜充滿；沒有精進心的人，就算身體沒病，他的心理卻是有病的，因為他的煩惱一定很多。因此，精進對學佛的人來講，是非常重要的，《大智度論》卷八十就提到身心的精進：身精進——如法致財，而用於布施。心精進——斷慳、貪、瞋、恚等之惡心，而不使得入。

《大智度論》卷十六又有：身精進者，勤修布施、持戒、誦法言、修福德。心精進者，忍辱、禪定、智慧；自初發心乃至得無生法忍，捨肉身，證法性身乃至成佛。

精進者，當發菩提心，就是發的無上願心，也就是說，必須要在多少時間內，完成一個目標。為了達成目標，就不要管自己的身體是否健康，是否有阻力，都一定要風雨無阻地做到。

目標有大有小，小的目標是每天要完成什麼？大的目標是在一生之中要完成什麼？最大的目標，則是在多生多劫的時間之內一定要成佛；或者並不一定要成佛，而是永遠救度無量的眾生。發了願之後，自然就不會懈怠了。

一個人的體力和時間，是很有限的，能夠發揮的力量卻是無限的。這不是很奇怪嗎？有限的小小身體，怎麼會有無限的力量呢？這就是由於有了精進心之後，努力地去做，多努力就有多的成就，少努力就只有少的成就，不努力就不會有成就。這不是要跟別人比，而是盡自己的全力去努力。此時，你會驚奇地發現，怎麼會在這麼短的時間內，完成了這麼多的事、做了這麼多的服務工作？這都是靠精進力，而能以有限達成無限的功能。

我的弟子們，有人有時候很精進，有時候卻很懈怠，當他們懈怠時，若分配較多的工作給他時，他會說：「師父啊！這個工作我是做不來的，不要給我好嗎？」我說：「你要行菩薩道啊！」

他又回說：「師父！地藏菩薩要度了最後一個眾生之後再成佛，所以我還是先做眾生，讓菩薩們來度我好了，因為我發不了這麼大的願啊！」唉！這種人只能讓別人照顧，自己又常常在自怨自艾中，實在是很可憐的，那就是因為精進心不夠。

事實上，我們出家人應該是被甲精進、廣修善法、利益眾生的，能有機會將自己所修學的佛法，分享給所有的眾生，應當感恩才對。

二、三種精進

《成唯識論》卷九，則列出三種精進：

被甲精進　被寶甲而不怖畏種種難行；難行能行，願力無窮。像是身上穿了盔甲的人，萬人無敵，在他的面前，是沒有任何困難、任何恐懼，只要勇猛地往前走。我遇過有些人，在我準備給他一個任務時，還沒有開始做，已經在抱怨、叫苦了，真是沒有出息！應該是在接了任務之後，也要準備接受任何困難，好好地學習，在學習中把問題解決，這是對自己的一份成長，能這樣想就是精進心。

攝善精進　勤修一切善法而永不疲倦，如同〈四弘誓願〉所說：「法門無量誓願學。」對修行四聖諦、八正道、三十七道品、六波羅蜜等所有的法門，全力以赴，永不疲倦。有些人學佛沒有幾天，就覺得自己還沒有準備好，還是先暫停，等年老退休之後再來修行吧。

這就像是已經搭上了一班車，又認為這輛車子不是該我上的，還是等下一班再上吧！可是，下班車什麼時候來？能不能搭上車？一點把握也沒有。相反地，精進的人只要有任何一個修行因緣的車子在他面前，不論是用跑的、跟的、爬的，甚至幾乎是跟不上，也緊抓著車尾不放向前衝。要有這樣的精神，才能算是精進。

利樂精進　勸化眾生永不疲倦，就是「眾生無邊誓願度」。菩薩為了救度眾生，可以上天堂、下地獄，不斷地追著他。但是，度眾生不是要去困擾他、占有他，也不是讓他感到恐懼不方便，而是要使他成長。

三、六種精進

精進對一個修學佛法或是發了菩提心的人來說，是很重要的。在三十七道品中分成七個項目，每個項目都有精進。例如修習四念住，就是用四正勤來修，在《大乘莊嚴經論》卷八中，有六種精進：

增減精進　未斷之惡令斷，已斷之惡令不復起；未修之善令修，已修之善令增長。此四正勤，就是精進勤勞修習四種道法。

增上精進　由信、精進、念、定、慧等五根，解脫法由此增上。

捨障精進　由信、精進、念、定、慧等五力，所有的障礙由此不能礙。

入真精進　由擇法、精進、喜、輕安、念、定、行捨等七覺支，由此建立見道。

轉依精進　正見、正思惟、正語、正業、正命、正精進、正念、正定等八正道，由此修道而為究竟轉依之因。

大利精進　六波羅蜜之自利利他。

《大智度論》卷十六云：「是精進名心數法，懃行不住相，隨心行共心生，或有覺有觀，或無覺有觀，或無覺無觀，如阿毘曇法廣說，於一切善法中懃修不懈，是名精進相。」又提到七個項目，其中第一項至第六項是自利內修的解脫道，第七項則為自利利他的菩薩道：

（一）於五根中，名精進根。

（二）根增長名精進力。

（三）心能開悟，名精進覺支，能到佛道涅槃城。

（四）八正道中，是名正精進。

（五）四念處中能勤繫心，是精進分。

（六）四正勤是精進門；觀四如意足（四神足——欲、勤、心、觀中禪定修行）的欲精進，即是精進。

（七）六波羅蜜中的精進波羅蜜，亦是精進。

《大智度論》卷十六又云：「為佛道精進，名為波羅蜜，諸餘善法中精進，但名精進，不名波羅蜜。」又說：「菩薩精進，不休不息，一心求佛道，如是行者，名為精進波羅蜜。」

四、經典中談精進

以下介紹經典中有關精進的記載：

（一）《解深密經》卷四提到精進有三種：被甲精進；轉生善法加行精進；饒

益有情加行精進。

（二）《大乘阿毘達磨雜集論》卷十二將精進分為三種：被甲精進；方便精進；饒益有情精進。

（三）梁譯《攝大乘論》卷二中分為三種：勤勇精進；加行精進；不下難壞無足精進。

（四）《大乘莊嚴經論》卷八分為五種：弘誓精進——欲發起行動；發行精進——現行諸善；無下精進——得大果，下體無故；不動精進——能不為寒熱等苦動；無厭精進——不得少為足。

（五）舊譯《華嚴經》（六十華嚴）卷二十四的十種精進：不轉精進；不捨精進；不染精進；不壞精進；不厭倦精進；廣大精進；無邊精進；猛利精進；無等等精進；救一切眾生精進。

（六）《瑜伽師地論》卷四十二〈精進品〉的九種精進：自性精進；一切精進；難行精進；一切門精進；善士精進；一切種精進；遂求精進；此世他世樂精進；清淨精進。

禪定波羅蜜

《大品般若經》卷一〈序品〉第一云：「菩薩摩訶薩，以不住法住般若波羅蜜中……不亂不味故，應具足禪那波羅蜜。」禪那波羅蜜，亦名靜慮度，或名禪度無極，能對治亂意，攝持內意。

一、四類禪

依據宗密的〈禪源諸詮集都序〉卷上之一，禪有五種層次：外道禪、凡夫禪、小乘禪；大乘禪，以及最上乘的如來禪：

外道禪　是帶異計，欣上厭下而修者。

凡夫禪　四禪八定，從尋、伺、喜、樂而入定，再一層層捨下而求上，至最高無色定的非想非非想處為止。正信因果，亦以欣厭而修者。

小乘禪 是從四禪四無色定，而修七方便的五停心、別相念、總相念、煖、頂、忍、世第一法，亦名七賢位，由此而入初果見道位。是為悟我空偏真之理而修者。

大乘禪 亦名三昧；有無量三昧，均可能納入大乘禪定。天台宗智者大師在《摩訶止觀》卷二將它們彙整成四種：常坐三昧；常行三昧；半行半坐三昧；非行非坐三昧。是為悟我、法二空所顯之真理而修者。

最上乘禪 又名如來禪、祖師禪，即是中國禪宗的頓悟法門，臨濟宗用參話頭，曹洞宗用默照，都是屬於如來上上禪法。亦名一行三昧、真如三昧，頓悟自心本來清淨，此心即佛。

二、四禪天

「四禪天」是由修靜慮而生。以下介紹四種禪天的層次：

初禪天 於六識之中，無鼻、舌二識，語言寂滅。僅有眼、耳、身、意四識，有喜受、樂受，有覺有觀。捨此身後，生於梵眾天、梵輔天、大梵天。

二禪天　無鼻、舌、眼、耳、身等五識，僅有意識，怡悅之相粗大。喜受及捨受與意識相應，無覺無觀。捨此身後，生於少光天、無量光天、極光淨（光音）天。

三禪天　僅有意識，怡悅之相淨妙，喜心寂滅。樂受、捨受與意識相應，無覺無觀。捨此身後，生於少淨天、無量淨天、遍淨天。

四禪天　僅有意識，出入息寂滅，唯捨受與之相應。捨此身後，生於無雲天、福生天、廣果天、無煩天、無熱天、善見天、善現天、色究竟天、無想天。

三、四種禪定

「四禪定」又名四靜慮，為內外道共修，超欲界，生色界，四禪是由十八種功德支持，總體稱為「四禪十八支」。

初禪的前行有：

粗住　安住、端身、攝心，氣息調和，覺此心路，泯泯澄淨，怗怗穩穩，其心在緣居，然不馳散。

細住　由此粗住心後，恬恬勝前。

欲界定　由細住後一、兩日或一、兩月，豁爾心地做一分開明，我身如雲如影，爽爽空淨，雖空淨猶見身心之相，未有內定之功德。

未到定　從欲界定之心後，泯然一轉，不見欲界定中之身、首、衣服、床鋪，猶如虛空，此時性障猶在，未入初禪。

四、四種禪定特相

四種禪定之特相如下：

初禪特相　由未到定，身心豁虛空寂，內不見身，外不見物。如是或經一日乃至一月、一年，定心不壞，則於此定中，即覺自心微微動搖，或感微癢。即發動色界之四大極微與欲界之四大極微轉換，而起八觸十功德。

八觸者，即為動、癢、輕、重、冷、暖、澀、滑。欲得禪定時，色界極微入於欲界極微，而相替，地、水、火、風狂亂而如此發動也，若不知此等法相之人，驟起驚怖，以為發病，馳迴不已，遂亂血道，真為狂氣矣，不可不知也。

十功德者，八觸的每一觸，均具十功德，亦名十眷屬；即是與空、明、定、智、善心、柔軟、喜、樂、解脫、境界等相應。

《顯揚聖教論》卷十九云：初禪可對治貪、苦、憂、犯戒、散亂等五障，遠離欲愛，心能寂靜審慮，住於有尋、伺、喜、樂之情態。

初禪具五支為：覺（尋）；觀（伺）；喜（離欲界惡，心喜受）；樂（經部為眼、耳、身之三識的樂受，有部不許定中有眼、耳、身之三識，僅有意識，故為輕安樂，非樂受也）；一心（心一境，離欲界而生色界的離生喜樂地）。《大乘阿毘達磨雜集論》云：五支中的尋及伺為對治支，喜及樂為利益支，心一境為自性支。

二禪特相　訶棄初禪之覺、觀（尋、伺），二禪、三禪、四禪無八觸十功德，已轉欲界為色界。二禪離尋、伺，住於信相明淨喜樂之情態，可對治初禪之貪、尋伺、苦、掉、定下劣性等五障。

二禪具四支為：內淨（《俱舍論》以為五根中之信根，深信受勝實之功也，淨為信相，故曰淨；屬心，故曰內）；喜；樂（意識功能，是輕安樂，非樂受）；一心（定，此為色界的定生喜樂地）。在此四支中的內淨為對治支，喜與樂為利益支，心一境為自性支。

三禪特相　訶棄二禪之喜受而得。三禪離喜、樂，具正念、正知，住於自地之妙樂。可對治二禪之貪、喜、踴躍、定下劣性等四障。

三禪具五支為：捨（行捨之心所而非捨受，捨前之輕安，住不苦不樂）；念（三禪之樂極勝，為不染著，故要正念，離邪念之心所）；慧（三禪之樂極勝，為不染著，故要正慧，離邪慧惡見之心所）；樂（意識之樂，離二禪之喜樂，尚有自地之喜樂）；一心（寂然在定，心一境性，此為色界的離喜妙樂地）。在此五支之中的捨、正念、正知（慧）三支為對治支，樂為利益支，一心為自性支。

四禪特相　訶棄三禪之樂受而得。四禪脫離身心之樂，住於不苦不樂，名為極善清淨。可對治入出息以及三禪之貪、樂、樂作意、定下劣性等五障。

四禪具四支為：非苦非樂（中受，非為五受中的捨受）；行捨（捨第三禪之喜樂，非憂悔也，住平等心所，非苦非樂）；念（念下地之過，自己之功德長養之，念清淨即為捨念極善清淨）；一心（心一境性，猶如鐘，猶如清水，此為色界的捨念清淨地）。在此四支中的捨清淨及念清淨為對治支，不苦不樂受為利益支，一心為自性支。

初、二、三禪為有動定，尚有尋、伺、苦、樂、憂、喜、入息、出息等八災患故；四禪為不動定，非為八災患所動故。

世間四禪定亦為修出世禪的共道：

（一）四禪定為四無量心之依地，喜無量心，為喜受攝，故依初、二靜慮；餘三慈悲捨的無量心，總依六地，離瞋害等四障。

（二）四禪定為八解脫之依地，八解脫、八勝處、十一切處的三法，為遠離三界貪愛之出世間禪。八解脫的初、二解脫，依初、二靜慮及未至與中間；第三淨解脫，依第四靜慮；此外的五解脫依四無色定及滅受想定。

（三）四禪定為八勝處之依地，初四勝處依初、二靜慮，後四勝處依第四靜慮。八解脫為十一切處（十遍處）之依地，即是地、水、火、風、空、識之六大，青、黃、赤、白之四顯色；前八項為八解脫中的第三淨解脫，以無貪為體。依第四靜慮可緣欲界之假四大及四境之色；後二者順次以無色界之空無邊及識無邊為自性，以各別自地的四蘊為境。

五、四空處定

「四空定」又名四無色定。此四空處，於五蘊中無依報之色蘊國土，唯正報之受、想、行、識四蘊的假合而無色身，唯依不相應法的命根、眾同分之相續。下面說明四種無色界的四空處定：

空無邊處定　厭離第四禪的染法，捨色想而緣無邊之空處，心與空無邊相應。

識無邊處定　厭離空無邊處之染法，捨其虛空，緣內識，心識無邊，心與識無邊相應。

無所有處定　厭離其識，更觀心識無所有，心與無所有相應。

非想非非想處定　前之第二識處是有想，第三無所有處是無想。至此第四，捨前之有想故名非想，捨前之無想，故名非非想。又因其已無粗想故曰非想，非無細想故曰非非想。行者於此定中，如癡、如醉、如眠、如暗，無所愛樂，泯然寂絕，清淨無為。

六、三等至

世出世間共有「三等至」，亦名三禪定：

味等至　又名味定。與愛相應，愛與定相似，定者於所緣境流注相續，味著其境，故名味等至。乃是有漏的世間定。

淨等至　又名淨定。與無貪等之白淨法相應，起有漏世間之諸禪定。此善之有漏定、有垢、有濁、有毒、有刺；雖然有漏有過失，卻有少分之淨。此與煩惱相違，引發無漏之勝義、順於聖道，為無漏之眷屬故。

無漏等至　又名無漏定。是出世間定，不緣愛，無味著，是最高極妙的善定。得此定已，則心不動不散，能起無漏真正之智力。

四禪四空為八等至。以此三等至配八等至，前七等至，皆可有此三等至，唯第八等至（非想非非想處）由於味劣，不起無漏等至，僅有味等至、淨等至。

七、三三摩地

禪定又名「等持」，亦稱三摩地，有兩大類：

（一）以尋伺相配而言：

1.有尋有伺三摩地，初靜慮及未至定所攝。

2.無尋唯伺三摩地，中間靜慮攝。

3.無尋無伺三摩地，第二靜慮之近分定。以上諸定至非想非非想處定攝。

（二）以等持相應具起之行相而言，即為三三摩地，亦名三解脫門：

1.空三摩地，與四諦、十六行相（八忍八智）中之苦諦下的空行相及非我行相，相應之等持。以空行相，空我所見；以非我行相，空我見。對治有身見者。

2.無相三摩地，與滅諦下之滅行相、靜行相、妙行相、離行相，相應之等持，即緣滅諦涅槃之法；涅槃者，無十相故。無十相即為無色、聲、香、味、觸之五境；無男、女之二相；無生、異、滅之三有相，故名無相。

3.無願三摩地，與集諦下之因、集、生、緣之四行相，道諦下之道、如、行、出之四相，苦諦下之非常、苦之二相，相應之等持。

八、禪定與七加行位

禪定與「七加行位」之關係：三賢、四善根，合為七加行，又名七方便，修此而發無漏智。因定起智，以智斷惑，以無漏智證得聖果。但在到達聖果之前，必須修有漏之方便道。修道之前，以智斷惑，以無漏智證得聖果。先要身器清淨：

（一）身心遠離：身離惡友，心離不善尋伺。

（二）喜足少欲：飲食、衣服、喜足、少欲、無貪。

（三）住四聖種：1. 衣服喜足聖種；2. 飲食喜足聖種；3. 臥具喜足聖種；4. 樂斷煩惱、樂修聖道聖種。前三項為助道之生具（止貪），第四項為助道之事業（滅貪）。

三賢位為外凡，四善根為內凡。外凡位為散善，唯在欲界；內凡位為定善，必起色界之定。三惡趣無般若，欲界諸天不知厭苦，不屬外凡三賢位。無色定不為見道所依，故亦不順內凡四善根位。色界定之中，上三近分定，亦非見道所依，不順四善根。四根本定的四靜慮、未至定與中間定，合為六地，為四善根所依。無漏道的前方便，須以欲界身修，見道亦修欲界身。若無欲界身，不知厭苦（非生理心理之痛苦，乃不滿足現實的生存狀態），以有欲界身，厭苦心強烈，向上心亦強烈，故易為道器。

（一）三賢外凡位

何謂「三賢外凡位」：

1. 五停心是修止（奢摩地），以不淨觀，對治貪婪心；慈悲觀，對治瞋恚心；緣起觀又名十二因緣觀，對治愚癡心；界分別觀，觀身心為六大和合，對治我執之見；數息觀，對治散亂心。

2. 四念住又名四念處，其有別相及總相，別相念住是修觀（毘婆舍那）。四念住以空慧為體，能以慧力使念住於所觀之處。順著四念住，對治四顛倒見之方法有：觀身不淨、觀受是苦、觀心無常、觀法無我。又分有自相別觀及共相別觀的兩種：

⑴自相別觀者，觀身、受、心、法的各各自性。身之自性是四大種與四大所造色；受之自性是領納違、順、俱非之境的心所；心之自性是由六識心王集起者；法

之自性是除了身、受、心之外，基於其他諸法所行之方法。

⑵共相別觀者，觀身、受、心、法之共相，其各各皆為觀非常、苦、空、非我之方法。觀身是有為法，一切有為法皆是非常的；一切有漏法都是苦的；一切法同為空的，又是非我的。觀心、觀受、觀法，亦皆相同。

3.四念住的總相念住，也是修觀。以自相及共相觀之，又有雜緣及不雜緣之分。雜緣是「法」念住，須雜身等念住來觀。不雜緣是身、受、心之三念住，不須雜緣其他念住而觀。換言之，法念住是雜緣，身、受、心的三念住是不雜他緣即可觀的。總相念住，是從雜緣身、受、心、法，進一步，總緣此四境，是非常、苦、空、非我的觀位。乃為四諦觀之初門，僅修四行相，不過是觀苦諦之一境而已。

（二）四善根內凡位

何謂「四善根內凡位」：

1煖法　修了總相念住後所生之善根。有下、中、上的三品，皆具觀苦、集等四聖諦，修苦、空等十六行相「八忍八智」之位。入此位者，縱然退墮所得煖法，斷善造無間業，墮於惡道，流轉生死，不久之後，必到涅槃，已得聖火將生之前相故。

2頂法　是煖法上品後念所生之善根。亦有下、中、上三品，皆具觀四諦修十六行相。譬如上到山頂，乃進退之中間，或進而上忍位，或退而下於煖位，位至忍法已上，便無退法。

3忍法　生於頂法上品之後念。亦有下、中、上三品，忍可決定四聖諦，為最勝之位。⑴下忍，具觀四諦行十六行相如前，則無畢竟墮於三惡道者。⑵中忍，由是漸滅所緣之諦，滅能緣之行相，謂之滅緣、滅行，僅留欲界苦諦下之一行相。⑶上忍，觀前所餘苦諦下苦之一行相，故此上忍位僅為一剎那間。

4世第一法　生於上忍後念之善根，僅為一剎那間，故無下、中、上三品，與上忍位同，觀苦諦苦之一行相，世間有漏法中無超於此觀智者，故名世第一法。此位僅是一剎那的無間位，必生無漏智，入於見道位，離凡夫位而入聖位。

（三）見道位

《俱舍論》是十六心相見道，《成唯識論》則是三心相見道：

1. 觀生空而起斷粗大煩惱障之智。
2. 觀法空而起斷所知障之智。
3. 合觀二空而起合觀微細二障之智。

六度中的禪波羅蜜，本為大乘禪法，本文為了探其淵源，故將凡夫禪及小乘禪，一併介紹如前。至於大乘禪及如來祖師禪，內容深廣，宜有專書討論，本文暫不涉略。

般若波羅蜜

所有一切世間的十善業道、四禪、四無量心、四無色定、五神通等，都是由般若波羅蜜而出來的。由於般若波羅蜜的指導，才能使我們離苦得樂。

般若，就是要我們看一切事、一切物，當下就知道它是會變的，不是永恆的，隨時要用無常、空、無我的觀點來看一切。般若波羅蜜，也就是無相、無我，以及禪宗講的無念、無心。這是從基本的觀法無我、觀行無常而來，知道任何的現象都是因緣和合、因果串連而成，如果能用這種觀念、這種般若的眼睛來看世界的人與事，就可對治自己的煩惱，同時也能幫助眾生離苦得樂，這就是慈悲了。因此，慈悲與智慧，必定是相連、相應的。

《大品般若經》卷一〈序品〉第一云：「於一切法不著故，應具足般若波羅蜜。」觀一切法悉皆如，具證生空法空之無分別慧。

《大般若經》卷一七二〈初分讚般若品〉第三十二之一又云：「舍利子，一切菩薩摩訶薩、獨覺、阿羅漢、不還、一來、預流等，皆由般若波羅蜜多得出現故。舍利子，一切世間十善業道、四靜慮、四無量、四無色定、五神通，皆由般若波羅蜜多得出現故。舍利子，一切布施、淨戒、安忍、精進、靜慮、般若波羅蜜多，皆由般若波羅蜜多故。……一切佛十力、四無所畏、四無礙解、大慈、大悲、大喜、大捨、十八佛不共法，皆由般若波羅蜜多得出現故。」

又說：「如是布施、淨戒、安忍、精進、靜慮波羅蜜多，由此般若波羅蜜多所攝受故，名有目者。復由般若波羅蜜多之所攝受故，布施等一切皆得到彼岸名……非由布施……淨戒……安忍……精進……靜慮波羅蜜多所攝受故，餘五方得到彼岸名。但由般若波羅蜜多所攝受故，餘五方得到彼岸名，所以者何？諸菩薩摩訶薩要住般若波羅蜜多，方能圓滿布施、淨戒、安忍、精進、靜慮般若波羅蜜多，非住餘五能成是事。是故般若波羅蜜多，於前五種，為最為勝，為尊為高，為妙為微妙，為上為無上，無等無等等。」

由以上經文中得知，前面所講的五種波羅蜜，都是由般若波羅蜜所攝受。沒有般若，即使修行布施、持戒、安忍、精進、禪定，也只是修世間有漏善法，而非無漏解脫的佛法，無法從生死的此岸，到達涅槃的彼岸。因此，觀念的指導以及認識的分別，必定要靠般若智慧；般若波羅蜜，等於是六波羅蜜之中的指北針。

結論

六波羅蜜是菩薩道，菩薩道是莊嚴佛道的，用什麼來莊嚴佛道呢？就是用福用慧，福慧圓滿，就是佛果的圓滿。

《解深密經》卷四中提到，六波羅蜜可分為兩類：

（一）前三度為饒益有情類：由布施故，有情攝受資具；由持戒故，不行損害逼惱有情；由忍辱故，能忍彼之損害逼惱利益有情。

（二）後三度為對治煩惱：由精進故，未斷之一切煩惱永伏，雖未斷一切隨眠，卻能勇猛修諸善品，不為煩惱所動；由靜慮故，永伏煩惱；由般若故，永害隨眠。

《解深密經》卷四又說，六波羅蜜為三學所攝：施、戒、忍的三度，是增上戒學；禪是增上心學；般若是增上慧學；精進則通於以上三學。《菩薩地持經》卷十說，精進亦是增上戒學攝。由以上的經典得知，六波羅蜜就是福德資糧，以及智慧資糧之根本。

（一九九八年六月七日、十四日、二十一日，講於美國紐約東初禪寺，姚世莊居士整理）

參、〈四弘誓願〉講記

〈四弘誓願〉

眾生無邊誓願度
煩惱無盡誓願斷
法門無量誓願學
佛道無上誓願成

前言

在禪七或在日常課誦中，都會唱誦〈四弘誓願〉。我在授三皈依時，也會教人念它。因為〈四弘誓願〉是初發心菩薩的必要條件。發心成佛，得經過菩薩的階段，發菩薩心，即是發菩薩願，所以，發菩提心就是發行菩薩道的願心。

願有通願和別願，一切諸佛都須發的願，是通願，即〈四弘誓願〉。〈四弘誓願〉的出典，主要出自《菩薩瓔珞本業經》，教導一切學佛的人，要發心成為菩薩。如果不先成為菩薩，要成佛是不可能的，這是大乘佛教的特色。

〈四弘誓願〉，是四個成佛的基本條件，學佛，必定要度眾生、斷煩惱、學法門。前三句如鼎之三足，缺一不可，其中任何一句圓滿，則四句皆圓滿。

眾生無邊誓願度

「度」是通過的意思，從這邊到那邊，其中間的過程已完成者，稱為「度」；過程未完成，是正在「度」。度的型態有不同的層次，有人資金不足，每天為趕銀行的三點半，向朋友告急，以度難關；有人趕辦急事，向人借貸湊足車資以應急，這也是度。

在我們的日常生活中，不論感覺時間如迅雷般一晃即過，或感覺日子難撐難挨，或在醫師回春妙手下始恢復健康、舒適的日子，或迷迷糊糊的日子，都是在「度」日；從這一行業換那一行業，從這一層次到那一層次，也是度。「度」的根本意義是超越苦海，故稱「超度」。

一、修學佛法廣度有緣

「眾生無邊誓願度」的眾生，包括一切有情眾生。佛法的出現，世尊的教化，是為度人，也度餓鬼、度天神、度畜生。而一切眾生之中，唯人類是修學佛法的根器，一切有情皆入人道，才能修成佛道，所以，佛法是為人而設，人修持佛法以後，以佛法的救濟，利益其他的眾生。

但是聽佛法知佛理的人，未必即能得度。譬如高壓電線上的白瓷絕緣體，最靠近高壓電，但是不導電。不得度者即是無緣人，如絕緣體與電不相通。有人常說「我和你有緣」，這種緣是見面之緣，認識了，但不發生強烈的感應；又像白布浸染料，一染即著，是有緣，如果染上又褪色了，是緣不深。

佛度的是有緣人，了解佛法且實際修持，是發自內心需要佛法，追求佛法如飢如渴、如久旱望雲霓、如黑暗盼光明、如幼兒憶母親一般，有強烈的信心去追求，像海綿遇水一般，才是真正有緣，反之，則無緣。

要度的，既是有緣人，有緣人中，最難度的，莫過於自己的親眷、師長。不易度時，也不要輕言放棄，須從人最渴望的關懷、愛護、同情、尊重等著手。《維摩詰所說經》卷中〈佛道品〉第八中有句話說：「先以欲鉤牽，後令入佛道。」要想使對方成為佛教徒，修行佛法而開悟解脫，得先由滿足其欲望開始，從愛語出發，用鼓勵、慰勉或讚歎的話，使他高興、舒服；在精神上給予愛，在物質上給予方便，漸漸地，他便會對你有安全感而信賴你。

對於剛開始學佛的人，多從物質的嘉惠開始，在佛經裡就有許多這類的故事。釋迦牟尼佛成佛前，修行菩薩道時，多生累劫的事蹟，集合成的《本生經》中，便有一個例子：曾經，某地發生了大饑荒，釋迦牟尼佛化身為一座肉山，有個人正在山裡找食物，無意間，試嘗地面，發現是可以吃的東西，奔下山告訴村人，召集許多飢餓的人來，使當地許多人免於餓死，度過難關。這些吃過肉山的人便與釋迦牟尼佛結了緣，他們先後也成為佛的弟子。

我在日本留學期間，有一真言宗的信徒，經營一家有數萬員工的大公司，他信佛、拜佛，不但在公司供佛像，也經常舉辦與佛教有關的演講，但並不要求員工也要信佛，因此深得人心，員工都以與社長有相同的宗教信仰為榮。這位社長的經營觀念是：公司的財產、利益是屬於每位員工，不完全是他個人所有，每位員工都是股東；因此，他能給予許多人充分的物質，也在精神方面提供許多利益。

也許有人會認為萬一自己已盡力去做，仍然得不到對方的信任，不肯皈依三寶，豈非白費。須知，我們這一生的時間，只是有限的一小段，生命是從過去生到今生乃至未來生，源遠流長的，問題的癥結，不是短時間便可解決。

常言道：「不是冤家不聚頭。」沒有恩怨不成眷屬。有大福報的人，是從過去無量世以來修成的，所以有所謂神仙眷屬、孝子賢孫，否則一般人要常保稱心如意並不容易。因此，對於不願信佛學法的親人朋友，即使付出一生的時間和耐心給予照顧、關心，也是修福。漸漸地，到他雖未完全接納，但也不再排斥的時候，便已種了度化他的因了。

有弟子問我：「師父，福報和人的心量有沒有關係？」

我回答他：「有大關係，福報是從心量開始，心量大，福報大。所謂心量大，就是自己擁有的東西，拿得出來，捨得分給他人。」

我又講了一個譬喻，如牛踩泥地，足跡凹陷處，滯雨水有限，如果挖一臉盆大的洞，蓄的雨水較多，再挖成池塘，存水更多；挖得愈大，乃至成湖，湖通江，江出海，四海皆通，水則不虞用盡。這個例子說明幫助人愈多，付出愈多時，會覺得永遠不夠，自己的能力需要更強，付出的多，得到的也多，所以更需要修持佛法以度有緣的人。

修行佛法，如果是個人自修，只要就一個法門努力修持即可，便是一門深入。可是，要度眾生就不是這樣，不同的眾生，得用不同的方法以適應他們。因此，愈多的眾生，需要的佛法便愈多。

自修的人，如果自覺滿足，很少有再求上進的心。唯有和其他人接觸，面對各種不同程度、不同身分的人時，便會發覺自己修行的工夫不夠、深度不夠、福報不夠、智慧不夠；因此，渴望再努力吸收佛法，像一塊小海綿變成大海綿，甚至像一個無限大的海綿一般，可能吸盡所有海水，學盡一切佛法，有這樣的體驗，便是和佛法有緣的有緣人。這種緣，不是一條垂直線，是縱橫交錯的、四面八方的緣，因此，度的眾生也多。

所以，菩薩經過無量劫，仍在度有緣眾生。初地以上的菩薩，遍一切處，眾生有少許緣，便立即與其感應；我曾說過，學佛的人要花時間訓練自己像磁鐵一樣，吸引眾生都成有緣人，再接觸、熏陶他，自然而然對方便會接納佛法。

二、借光又發光，普照一切

有人曾問我說：「一個人的體力、智慧力、財力，都是有限的，而眾生無邊，怎麼可能度盡呢？」這不用擔心，從初發心到成佛，稱為三祇百劫，度眾生是在這段時間，並非在短短一生中就要度盡眾生。自己力量有限，度有限的眾生，力量愈大，度的眾生愈多、範圍愈廣。因此，為廣度眾生，便需要修行。譬如電瓶充滿電，才能發光，又如太陽能電池藉太陽光充電發光；修行，就好像是充電，用佛法充電，既借光又發光。

不過凡夫度眾生有限，八地以上的菩薩，則能於同一時間分千百億身，度千百億人，權巧方便或用物質施予，或以精神救濟。

有人問我：「已經有許多佛成佛，為什麼還有那麼多的人沒有被度呢？」我說，佛法如陽光，太陽升起，普照大地萬物；有的直接承受陽光，有的間接吸收熱氣，即使是長年在海中、地下的生物，也間接因有陽光的存在而生存。

釋迦牟尼佛修行三大阿僧祇劫的菩薩道，以身心幫助眾生，以言行教化眾生，如陽光一般普照於一切眾生。又如食米，經由栽種的人、販米的人、發明割稻機的人、改良品種的人、製造工具的人、改良肥料的人及延續稻種的人等過程，已有許多人和我們產生關係，不論直接或間接，這種關係一直延續著。

所以，佛菩薩從無量劫以來，對於已度、應度、未度的眾生，或在物質上，或在精神上，皆已種了得度的因緣，並且已經直接或間接度了一切眾生。

禪的最高目的是「無我」，禪的修行是無上法門，是究竟的上乘法，上乘法必定是菩薩道、佛道。僅為自己的生活飲食溫飽而忙碌者，是下等人；僅為自己身心得安樂自在者，是中等人；無相無我者，是上等人。所以未發度眾生願，僅為自己出離苦難才修行，至多是中等人，只能成為阿羅漢，不能成為菩薩、佛。

釋迦牟尼佛成佛之前的最後一生，就是因為看到眾生有生老病死苦及各種災難，為了解救在苦難中的眾生，所以捨身發願出家修行，尋求方法救濟眾生，最後究竟成佛。

我們在還未修行前就要發願，為家中、工作環境中，乃至社會中的每一個人的處境、利益著想，這種不為自己、捨我的精神，便是度眾生的態度。用這種捨我的觀念修行禪法，不僅可得到身心安定的利益，也可能得到徹悟的境界。

因此，發〈四弘誓願〉，捨我度眾，是學佛者的基本教育，也是修禪者的基本條件。

煩惱無盡誓願斷

一般人口頭上會說「我有煩惱」，但是對煩惱的意義、種類及煩惱的層次，多半不甚明瞭。要經過修行，而且是努力修行之後，才會知道煩惱是什麼，才知道煩惱的可怕。

煩惱有向上心的煩惱和向下心的煩惱。普通未修行的人感覺不到向上心的煩惱。通常，我講述的煩惱，多指向下心的煩惱。

一、向下心的煩惱

向下心的煩惱，由內而外分四個層次：

（一）內心的衝突和矛盾

人的生命過程中，常會遇到內心的十字路口。例如面對當前的數個好機會，必須做如何抉擇的困惑；關鍵的抉擇，往往影響一個人的一生，也許在考試方面，也許在婚姻、事業、做學問、交朋友方面，這是對選擇上的矛盾。

也有內心前後念的矛盾。譬如想改變不久前的決定，卻又決定不下是否要改變；又譬如既不想出家，對結婚又持保留態度，看到周邊親朋好友各自成家且兒女成群的情景，使之內心產生矛盾。

內心發生矛盾或衝突，必然是有兩個主觀的想法存在，而且必是關係到自身的問題。既然不是客觀的，在處理事情時，前念和後念，經常是對立的，所以會發生感情和理智的衝突。在我們的一生中，這類問題常會出現。

（二）身心的衝突和矛盾

身和心衝突，其癥結在於心；所謂身不由己，當心不能指揮身體時，就會產生煩惱；同樣地，當心理有問題而起矛盾時，身體也會有問題。

但是，心也能克服身體的障礙。例如本來是一纖弱女子，嫁為人婦之後，因種種變故而必須獨力撐持家庭、撫育子女，在長年累月中，即使病痛不堪，仍然心繫兒女而能咬緊牙根地操持家務，這樣堅強的母親，在現實生活中，也多可見到。

因此，身心發生衝突時，必須先調心。人既食五穀，總有身體不適的時候，用心調身，煩惱或病痛便會減少許多。假使放不下自己的身體又放不下心，多會產生怨懟、遷怒的情緒；如此身心若有衝突，必定是常在苦不堪言的情況中。

（三）我與人的衝突

人從出生以後，便和周圍的人息息相關。因此很多小孩為爭取父母的關懷，便想：只要晚上不蓋棉被睡覺，就會生病、感冒，每次生病，父母便會留下來陪他而且對他特別照顧。這是他本身有煩惱，藉著負面的行為，吸引父母注意，希望父母給予更多的愛，以滿足自己的要求，或展現自己的長處等。長大後這種煩惱，如果沒有化解，便很容易導致行為偏差，造成家庭社會的困擾。

這就是把別人當成對立的對象，建立自己和他人之間的衝突和矛盾。

（四）人與自然環境的衝突和矛盾

我曾經問一位到臺灣來的美國人，臺灣的氣候如何，他說：「還好，不過，身上黏得難過。」因為臺灣的夏季潮濕，若出汗，便覺得身體黏膩不舒爽。我又問一位從臺灣到美國的先生，是否習慣紐約的天氣，感受如何？他說：「不錯，可是，我感覺身上很癢。」因為冬季的紐約天氣乾燥，以致對還未適應的人會有皮膚過敏的現象。

這是對陌生的環境有不適應的煩惱。天候太冷或太熱，令人難過，氣候溫和，使人舒適；但是對患有思鄉病的人而言，不論如何，旅居異鄉總不是滋味。常言道：「甜的是故鄉水，圓的是故鄉月。」自然環境的變化固然會影響人，但是煩惱多是從內心產生的。

二、修行佛法過程中的煩惱

從生死階段到出離生死，能達成自主生死或不生不死的目標，是需要修行。開始修行，都是在人間，不能脫離人的立場，但是在修行學佛的過程中，會產生另一類煩惱，這就是向上心的煩惱，大致可分三個層次：

（一）修人天壽法的煩惱

這是從未修行的階段，漸入修行期間，生起的種種疑難。首先，我們要有基本的認識，凡是有心可用，無不是煩惱；既然是在追求著什麼，不論追求的是什麼，那個追求的心，就是煩惱心。

諸位來聽我演講，可能希望從中得到些許啟示，或對生活的改善、生命的開展有所作用，或希望聽到不曾聽過的新觀念。這是從人的基本立場，為自己目前的利益而求佛法，求解決問題，企求脫離難關，這種希望解決的心本身，其實也是煩惱。

有人問我：「皈依很多年了，仍不知要如何修行，該怎麼辦？」

我說：「修行是不該做的事不做，不該說的話不說，不該想的不想……。」

他的這個問題是許多人都會有的。如果知道是不應該說的話，但卻說了；知道是不應做的事，還是做了，這樣的情形，是意志薄弱，更應該修行。而且可以用修行的時間，減少做不應做的事、說不應說的話的機會，譬如諸位來農禪寺，聽經聞法、念佛打坐，至少這段時間，不會惡口罵人、不會賭博、不會和人發生衝突而造身、口二業。

他又問：「不該做的事是不會做，不應該說的話我不會說，但是，我不知道如何教自己不想不該想的事？」

另外也有居士問：「心裡一面念佛、聽佛號，一面又觀想著佛的相好、佛的功德，這樣，豈不也是散亂心嗎？」

我說：「對，這樣的心，不只一用，是二用，甚至三用、四用。手掐念珠數阿彌陀佛、口念阿彌陀佛、耳聽阿彌陀佛、心想佛的相好，至少四用。但能夠促使心念沒有時間、空間在聲色犬馬上打妄想，已算是修行了。」這便是用修行的方法，抑制妄念的心，免造意業。

不過念佛若只迴向妻賢子孝、富貴長壽、健康幸福，雖然是人之常情，但依舊是在修行人天的階段，尚未產生出離心，基本上就是煩惱執著。

（二）修小乘出離法的煩惱

不論大乘、小乘，都講出離心。沒有出離心，對生死的感受不殷切，不易修行成功。很多大修行人發心修行，多從認知生與死開始。

對生死感受最深刻的，莫過於親眷的生離死別，因為親人間的恩、愛、情、義，都和自己的生命休戚相關，所以更能從親人的死亡痛苦中，體會生命的無常，警覺死亡必會來臨。在還活著的時候，能將死亡與自己並行觀察，日常的言行必會和善，所謂「人之將死，其言也善」，且在光陰有限的事實下，會精進努力修行，上求解脫之道。

有人認為世間有很多很新鮮的事，尚未經驗過，要嘗試過了，才甘願修行。試問，要嘗試什麼呢？殺、盜、淫、妄、酒？還是財、色、名、食、睡？這些都是五欲，五欲是苦海，表面上令人感受快樂、舒適，其實愈沉湎於享樂中，愈是墜向苦海深處。

另外也有一些人，打了幾次佛七、禪七後，便要立刻捨棄家庭、父母、子女，辭掉工作而出家修行。有出離心，並非不好，但是在自己應盡的責任、義務未完成的前提下，拋家棄子，將已造的果撇下，一走了之，是一種逃避責任、逃避現實的自私行為，那也算是煩惱。即使是小乘的修行人，欲出離家庭，仍需徵得家庭的同意，完成責任義務，不拖累家庭。

因此，身在苦海，要心思出苦海，少造苦海的業，但不逃避已造成的苦果，這是有心修行的人應有的正常觀念。如果發了大菩提心，為了解救眾生的疾苦，發心出家，仍是被鼓勵的。

（三）修持大乘法的煩惱

禪法的修行，自古以來未限定只屬於出家人，雖然成功的禪師，絕大多數是出家的大德，但仍有少數的在家居士修行成功。大、小乘的基礎既是在出離心，如以在家居士身修持，在生活上、心態上，便不能和一般的在家人一樣。在家居士修行禪法，就是要行菩薩道，菩薩是沒有情執的，只有慈悲，不求權利，只盡義務。

所謂蓮花出汙泥而不染，蓮花莊嚴清淨，象徵修菩薩道、行菩薩道的人，能將障礙、折磨視為堅強意志力的訓練，將煩惱的阻力，轉為助緣，在逆境中，更覺得修行可貴，所以菩薩在世間，但不是世間的煩惱眾生。不過在家的修禪者，自處於汙泥，很少不被汙染，但仍應以蓮花自勉，雖很難做到，還是要盡力去做，亦即《史記》所說：「高山仰止，景行行止，雖不能至，心嚮往之。」

出家，既要經過心理的考驗，也要突破生理的困擾，更要跨越父母、眷屬的情關。出家後能否修行成功，端視自己的福德因緣及善根基礎；但不論有多大的成就，出家本身，就是修行，就是一件大功德。古來至今，許多祖師大德，都是由普通的出家人修行成功的。

三、以願心為指標

不修行，煩惱重重，修行，也有煩惱。向誰學？如何修？用什麼方法修？對開始修行的人往往很困擾。

現代很多人假借佛法的名義，行外道的修法。剛開始修行，無法判別邪師、明師，如果遇到邪師，修行就有問題，此時端看個人的善根了。因此，如果無法辨別，念阿彌陀佛，求生西方淨土最可靠。

而開始修行，找到老師之後，發覺修行的方法不適用，或方法熟練後，感覺沒有進步，或對老師的教導產生懷疑而另尋他處求法等，也會造成很大的困擾，這些都是修行過程中選擇方法的煩惱。

恐懼感，也是修行過程中很大的煩惱，怕鬼、怕著魔是修行時常有的情形。一旦心裡有怕著魔、有不進反退的恐懼感，只要聽到什麼、感覺到什麼或腦中出現什麼幻象，就認為是著魔了。要突破這種心理狀態，須修持到入定的階段，或已親見自性，或者用正確的無相、無我的觀念，恐懼感才會漸漸減少。

還有一些人，害怕修行未達預期的目標就死了，害怕死了以後，不知下一世能否再來人間修持。這種恐懼心，必須由老師用佛法來化解。

死並不是沒有，但學佛的人要死得其所。中國近世的禪宗有一無上法門，那就是參「念佛的是誰？」這個話頭，用得上力，既能趕鬼、驅魔，又能了生死。因為隨時心無顛倒，心中只有一個話頭或一個公案，有這種工夫，生死便可放心。

既然心是如此嚮往修行，此生結束，來生一定會再繼續修行。如果還做不到這樣的程度，就要發願，願除煩惱、願度眾生、願學法門、願成佛道，願心就是指標。

既然修行過程中，會產生這麼多煩惱，禪宗祖師們有一共通的勸告，勸告修行人，不要存有期待、突破、進步、開悟、解脫等的念頭，有這種念頭，一定是在憂慮、恐懼、懷疑的狀態中。如果修行的人，了解這種種煩惱，便能走出煩惱的苦海，超度生死的大海。

法門無量誓願學

信佛亦稱學佛，學佛必須以「信」為基礎，之後要學習信仰的對象，這對象便是佛、法、僧三寶，而信仰的目的則是要成佛。凡是神教，僅止於信，信之外沒有修學及修行的要求。如果僅信佛而不學佛，便和一般神教無異。

學佛修行要有門可入，也應從門而入。從進門開始到成佛的方法，即是法門。法門有的是一條路進入後，一層次深入一層次，一個階段又一個階段；也有所謂八萬四千法門，即無量法門，這無量無數門徑，門門都是通往涅槃城；而在這任何一法門中，還有層次深入的不同階段。

一、盡未來際皆勤學

所謂「法門無量誓願學」，不是同時用很多法門，乃是因不同的煩惱，用不同的方法對治，即「煩惱無盡誓願斷」；也是因不同根器的眾生，用不同的方法教導，即「眾生無邊誓願度」。

有人會問：「在我們一生中，怎麼可能斷盡煩惱、度盡眾生呢？」我對這類問題的回答是：一生之中度不盡眾生，一生之中也斷不盡煩惱，也不可能在一生之中學完所有的法門，而是要經過無量劫，一生又一生，盡未來際到成佛為止，繼續不斷地學。

所以，很多學佛的人，與人魚雁往返的書信中，會自稱「學人」，意即尚在學習的階段。在小乘佛教中，初果、二果、三果都稱學人，是「有學地」；到阿羅漢，所作已辦，生死已了，不受後有，從此出三界，稱為「無學」。大乘佛教的無學，則要到八地以上，稱為「無功用人」；到十地的成佛之際，才稱為真實無學無斷的無上完人。

佛在入涅槃之前曾說自己已說之法，如指甲內的灰塵那麼少，尚未說的法，如大地上所有的土那麼多。即使另外還有如阿難、舍利弗、目犍連等大阿羅漢有大神通、大智慧者，說法無量無數，尚說不盡；因此，佛法是廣大無邊的。

可用語言、文字解說，教導人如何修行，是進入佛門的方便法。方便法可說，但不是真實法，只是假藉語言、文字，解釋和引導學佛者到達成佛的目的地。釋迦牟尼佛入涅槃之前曾表示：說法四十九年，未說一法。這裡所說的「一法」，是指根本佛法，因為根本佛法，是無法可說的；但如能依照佛陀教示的方便法修行，即可體驗那不可言說的根本佛法。例如不知「月亮」為何物的人，我們用手指天上的月，對方即可順著手指，看到月亮，手指便是方便法。

二、辨別正法與邪法

法有正法和邪法，如何辨別正、邪呢？兩者間其實是有很明顯的區別，凡是以利誘、威脅、恐嚇和個人崇拜等控制的手段，促使人信奉者，便是邪法。譬如某神，號稱具有神祕的法力，很靈驗，可以幫人解決難題，幫人達到希望的目的，信奉他，固然一時間化解了眼前的困難，但是從此以後，也失去自己，雖受他保護，也等於被他控制；或要你起誓，如不按其訓示行事，便會採取一些報復手段，使人不堪其擾，這些都是邪法。

再者，凡是違背因果、不明因緣，一定不是正法。有的宗教說只要信，就能得到什麼，其實憑空想得到利益，是和因果相違背的。當然也有可能信了某神之後，藉神的力量，在其羽翼下，暫時受保護，但也不可能永遠庇護，因為包庇是違背因果的。

在佛教也有許願，但願心或願力是指向未來，過去的果報、業力，還是要承受。發善心或善願，能減輕或改善目前的果報，但是不能完全抵銷過去的業。許多大修行者，如密勒日巴尊者、虛雲老和尚等，在修行期間仍然承受很大的苦果報。

釋迦牟尼佛成佛的最後一生，仍有腹痛、背痛、頭疼及被提婆達多傷足的果報；佛陀在世時的幾位大阿羅漢，如神通第一的目犍連尊者，仍有被鹿杖外道擊斃的果報。佛陀時代的大修行者尚且如此，則我們祈求不受果報，怎麼可能呢？

三、無漏正法是目標

正法又分有漏法和無漏法。有漏法是世間善法，持五戒十善，求人天福報。世間善法的標準，第一要有信仰，第二要有責任感，第三要努力。我們每個人都兼具數種身分，既是父母也是兒女，既是丈夫（妻子）也是父（母），既是學生也是老師，面對不同的人，有不同的身分和立場，也有不同的責任，要盡責也要努力精進，當學則須學，學以致用，這也是「法門無量誓願學」。

但是有漏法是世間法，修人天善法得人天果報，果報享盡，善因便消失。譬如裝滿水的水缸有了破洞，大洞大漏，小洞小漏，水終將流失。

無漏，是種福不求福，行善不求報，布施出去的任何財物、智慧、體力，不但不求還報，即使連布施的念頭也要沒有，此即無相布施。世尊說法，無一法可說，度一切眾生，無一眾生可度，真正的佛法是無相，無相即是無漏的正法。

佛教的修行是以有漏的正法為基礎，以無漏的正法為目標，用禪的方法達到目標。正確的禪法是無漏正法，是根本法，唯有開悟的人才能體驗到無漏正法。對於未開悟的人，禪宗祖師教他們在日常生活中，時時刻刻把煩惱放下，守住正念，吃飯時，心在吃飯；挑水時，心在挑水；睡覺時，不胡思亂想，心也在睡覺；如此常將身心守護住。然後教以參禪的方法，漸漸產生疑團，吃飯不知吃飯，睡覺不知睡覺，再進一步，破了疑團，則達見性的境界，便是無漏正法的實現、體驗。

從修持有漏正法到體驗無漏正法時，雖然見相無相，仍要精進，否則是斷見頑空的外道。很多人認為既然體驗到無相，視一切皆空，何必再從事任何工作呢？這樣的觀念是很偏頗且危險的；也有人未證得無相法，只是自私、懶惰，不肯工作，這樣的行為有如住在黑山鬼窟中，不能見自己本性。

所謂無相，是心中仍有我、人、事、物，但是心不執著。《心經》云：「無智亦無得。」不認為自己是有大智慧、大福德、大能力的人，仍然努力不懈度眾生而心不牽掛，順應眾生的因緣，做一切自己應做的事。莊子云：「吾生也有涯，而知也無涯。」即使是世間的學問，在有生之年尚無法學盡，何況佛法呢？

佛道無上誓願成

從凡夫到成佛的過程，在時間上，是逐漸的、長遠的，福德智慧也是漸漸高深偉大，直到佛的究竟圓滿。未成佛之前是行菩薩道，成佛之後，更是全面性地、徹底地行菩薩道。所以說，觀世音菩薩是古佛再來，文殊菩薩是三世諸佛之母。可見成佛之後，自然廣度眾生。

一、正道是不違背因果

道有正邪之別。很多人都想修道，認為只要有修就好，並不清楚修的是什麼道。如果不是修正道，即使眼前情況很好，終究因為所行之道不正而萬劫不復。

但是正與不正應如何區分呢？

在中國大陸曾經有以黃鼠狼或狐狸精為神祇來膜拜的宗教信仰，在臺灣也有類似的鬼神教，這種信仰的神祇，有可能壽命很長也修得神通，可以隨意變化，拜他、求他、給予豐富的供品，果真可得到好處；但是，冒犯他，便遭禍殃。

這種民間信仰缺乏正確的因果觀念，沒有是非善惡之分；而且不是以自己的力量修行，不是用合理的能力解決困難，憑空求他幫忙，求利益、求感應，也許剛開始真的有求必應，得到不少好處，到最後必定得不償失。這就好像肚子餓，求他賜食物，結果他在你的腿上取塊肉來餵你，得的是自己，失的也是自己，這是邪道。

正道，是不違背因果，如人泛舟海中，舀左邊的海水到右邊，再舀右邊的海水到左邊，海水既不多也不少，卻因此練就了強壯的臂力。有位居士說，他的太太學佛之後，經常護持三寶，經常慈善布施，雖然捐出了錢，但是在事業上都會再賺回來。既取之於社會，也布施於社會，既利益他人，自己也做了功德。由於自己的努力而得到利益，才是正道。

二、正道有內外層次

正道也有很多層次，佛教將佛法分很多等級。中國天台宗有藏、通、別、圓四教；華嚴宗有小、始、終、頓、圓五教；唯識宗的三時教、三法輪；西藏黃教宗喀巴大師分為下士道、中士道、上士道；近代太虛大師分為五乘共法、三乘共法和大乘不共法三層次。

四教、五教是聖教，聖人之前的凡夫要修持人天法，人天法中有外道，有內道——即佛法。佛法教人修持人天善法，是持五戒十善和布施，不造三惡道因。外道如果也修善、做功德，也是人天正道；但是一些外道修持的思想、行為，是荒誕怪異的，例如相信吃草、吃糞可升天，相信殺人可升天，信某神可升天，信某一部外道經典可升天，相信將童男煉成丹、熬成膏吃了，可升天等，無奇不有。

又例如人人希望長壽，於是民間常有吃腦補腦、吃肝補肝的觀念，認為可以滋補身體，殊不知，這樣反而造了殺業，不是正道。要求長壽，佛法教人需要多布施，多結眾生緣、救濟貧窮，先幫助他人長壽，有了這份善心功德，自己才有可能長壽。另外，打坐、念佛、拜佛，心中少點煩惱，也會長壽。

太虛大師的五乘共法是人天善法，再上面的層次是三乘共法。三乘共法中有離煩惱的小乘，有在人間度眾生的大乘；小乘的最高果位是阿羅漢，修得阿羅漢果，就不再到人間來。從大乘的立場來看小乘的解脫，有如喝醉酒，陶醉在三昧酒中，是在滅受想定中，沒有身心，不受任何干擾，但仍不究竟。

菩薩一方面像阿羅漢，能不受貪、瞋、癡困擾，但另一方面卻深入三界的眾生群中，以佛法度脫眾生，在諸苦之中不受苦。

菩薩有二乘解脫的功德及度眾生的功德，也就是福慧雙修，悲智雙運，這是三乘共法的菩薩成佛的條件。從初地到七地菩薩，仍要修習三乘共法，八地以上即是大乘不共法。不共者，既非凡夫境界，也不是小乘境界。所以說「佛道無上」，其他的人天道、小乘道、菩薩道，都是有限、有上。

但是，在凡夫地的修行中，分辨何為成佛的正道，才是最重要的課題。

（一九八五年三月二十四日至四月十四日講於北投農禪寺）

國家圖書館出版品預行編目資料

佛法綱要：四聖諦、六波羅蜜、四弘誓願講記／
聖嚴法師著. -- 二版. -- 臺北市：法鼓文化，
2021.07
面；　公分
ISBN 978-957-598-918-7（平裝）

1. 佛教修持

225.7　　110006872

現代經典 14

佛法綱要——四聖諦、六波羅蜜、四弘誓願講記

The Essentials of Buddhism: Four Noble Truths, Six Paramitas, and the Four Great Vows

著者　聖嚴法師
出版　法鼓文化
總審訂　釋果毅
總監　釋果賢
總編輯　陳重光
編輯　詹忠謀、李書儀
封面設計　謝佳穎
內頁美編　胡琡珮
地址　臺北市北投區公館路一八六號五樓
電話　(02)2893-4646
傳真　(02)2896-0731
網址　http://www.ddc.com.tw
E-mail　market@ddc.com.tw
讀者服務專線　(02)2896-1600
初版一刷　二〇一一年六月
二版一刷　二〇二一年七月
建議售價　新臺幣一五〇元
郵撥帳號　50013371
戶名　財團法人法鼓山文教基金會—法鼓文化
北美經銷處　紐約東初禪寺
Chan Meditation Center (New York, USA)
Tel: (718) 592-6593　Fax: (718) 592-0717

法鼓文化